はじめに

不動産投資に失敗する人の陥るワナとは何か？

　将来の年金不安などから、不動産投資に注目が集まっています。
　投資家層の中心は30代、40代ですが、昨今では20代までもが不動産投資セミナーに姿を現しているとのことです。
　むろん、銀行融資（長期ローン）で物件を購入する以上、始める年齢が早ければ早いほど、有利であることは確かです。購入時期が30歳ならば、ローンを20年の長期で組んでも、完済は働き盛りの50歳です。
　ここからさらに別の道を目指しても、十分に成功できる年齢です。
　しかし、数ある資産運用の中で、なぜ不動産投資に強い関心が向けられているのでしょうか。
　最も大きな理由は、実物資産の運用益が安定的だから、です。
　基本的に不動産投資は、毎月入金される家賃収入（インカムゲイン）が利益のベースとなっています。アパートやマンションが建ち、そこに入居者がいる限りは、安定して利益を生み出し続けるのであり、投資の代表格と言われる株式投資のように、その時々の経済動向、政治・経済・社会情勢などの外部環境に大きく影響されることはありません。
　こうした収益の安定性は、投資の目的が将来の年金不安を解消するためであることから、きわめて重要な要素です。
　しかも、必要があれば、あるいはタイミングを見て有利と判断すれば、売却して売却益（キャピタルゲイン）を得ることも可能です。
　インカムゲインを中心にしながらも、キャピタルゲインも狙えるという自在な資産であることが、不動産投資の魅力なのです。

問題は、この不動産投資は誰もが成功する投資なのかどうかです。
　株式投資のように、ある程度の経済知識、企業情報を持ち、常にマーケットを注視しながら売買を繰り返さなくてはならない投資だと、なかなか「誰もが成功」ということはできません。
　また、不動産投資には、この世界特有の「リスク」というものがあります。本文で詳しくご紹介しますが、例えば「空室リスク」や「地震リスク」などです。
　不動産投資で成功に至らなかった人たちは、いずれもこのリスクをカバーできなかった人です。
　ところが、上記2つの懸念に対しては、不動産投資ならではの対処法、解決策があるのです。つまり、プロに任せる方法です。
　不動産投資は、不動産を購入するのは投資家本人であることは当然ですが、購入後の運営は、本人である必要はないのです。
　入居者を募集するのも、入居者や建物の管理も、その方面のプロフェッショナルに一任することができるのです。
　いや、購入そのものも、不動産会社というプロフェッショナルが物件の選択から銀行への橋渡しまで、世話をしてくれます。
　投資家は、購入から管理運営まで、間違いのない、良きパートナーを選ぶだけでよいと言っても過言ではありません。
　したがって、誰もが不動産投資の世界に参加し、成功することができると言ってよいでしょう。

　ともあれ、不動産投資は目的が大事です。その目的に応じて、ワンルームマンション、1棟マンション、アパート、あるいは新築、中古、また首都圏、地方などの立地を選択をすることが大事であり、どれが良くて、どれが悪いということはありません。
　投資家ご自身の性格（リスクを取りたくない人、ある程度は許容できる人など）や置かれた状況（サラリーマン、リタイアしている人など）に合った投資方法を選ぶことが重要になります。

むろん、スタート時での不動産投資に成功し、さらなる事業の拡大を図るならば、投資家本人もさまざまな勉強をしなくてはなりません。
　本書は不動産投資の基礎知識を学ぶ「教科書」ですが、ベテラン投資家の経験もご紹介しています。特にプロローグにおいて、4名のベテラン投資家の体験談や、不動産投資の考え方を特集しています。参考にしてください。
　不動産投資の世界を俯瞰し、優れた投資家への1歩を踏み出していただきたいと願っています。

Contents

究極の不動産投資　成功の教科書

はじめに
不動産投資に失敗する人の陥るワナとは何か？ ………… 001

PROLOGUE
ベテラン投資家からのメッセージ

1　不動産投資に必要な考え方　寺尾恵介さん ………… 010
2　融資の成功はさらなる成功を生む　島田直樹さん ………… 025
3　良い管理会社と信頼関係を結ぶ方法　石原博光さん ………… 034
4　投資価値を上げるリノベーションのススメ　生形大さん ………… 045

PART 1
今、不動産投資を始めるべき「理由」

1　国が頼りにならない時代 ………… 058
2　不動産投資で人生を切り拓く ………… 063
3　不動産投資の7つのメリット ………… 068

PART 2
不動産投資を始める前に知っておきたい「知識」

1 不動産投資は「経営」そのもの ……… 080
2 不動産投資のリスクとリターン ……… 082
3 表面利回りと実質利回りを計算する ……… 084
4 キャッシュフローを確認する ……… 087
5 ROIでレバレッジ効果を確認する ……… 091

PART 3
不動産を購入する9つの「ステップ」

1 購入までのプロセスを知る ……… 096
2 予算と銀行からの融資 ……… 098
3 取得する物件の条件を考える ……… 100
4 不動産投資において信頼できる不動産会社とはどんなものか ……… 105
5 現地調査のポイント ……… 110
6 買い付けから融資へ ……… 113
7 売買契約の注意ポイントと決済までの流れ ……… 116
8 管理会社の選び方 ……… 121

PART 4
利益の出る物件を手に入れる「極意」

1 物件概要書で物件を見る目を鍛える ……… 126
2 持つべき物件は都心か地方か ……… 130
3 物件構造の選択のポイントは？ ……… 136
4 ワンルームかファミリータイプか ……… 138

PART 5
失敗しないための
不動産投資リスク「戦略」

1 購入時のリスクを回避する ……… 144
2 入居者に関わるリスクを回避する ……… 149
3 空室リスクを避けるには ……… 153
4 金利上昇リスクの考え方 ……… 157
5 災害リスクにどう対応するか ……… 160

PART 6
利益を最大化する融資「攻略」

1 不動産投資の決め手は「融資」にあり ………………………… 166
2 どの金融機関に融資を申し込むべきか ………………………… 171
3 「融資の5原則」を知る ………………………………………… 177
4 事前にプランを立てる …………………………………………… 184
5 不動産会社の紹介を上手に活用する …………………………… 187
6 融資を受けやすい人の共通点 …………………………………… 189

PART 7
利回りアップのリノベーションの「技術」

1 リフォームとリノベーションの違い …………………………… 196
2 対象を絞った展開を考える ……………………………………… 201
3 信頼できるリフォーム業者を選択する ………………………… 204
　リノベーション事例 ……………………………………………… 206

PART 8
不動産投資で稼いでいる人の「実例」

1 女性投資家としての考えとそのメリットは **216**
2 良き不動産会社さんとのお付き合いで成長できる **220**
3 より良き不動産会社さんを選ぶためのポイント **223**
4 私が不動産投資の極意を会得するまで **227**
5 地方と都心物件のポートフォリオ活用 **235**

おわりに
豊かな老後のために、自分の年金は自分で作る **237**

装幀／岡孝治
本文デザインＤＴＰ／ムーブ
編集協力／エディット・セブン

PROLOGUE

ベテラン投資家からのメッセージ

Chapter 1
不動産投資に必要な考え方
寺尾恵介さん

Chapter 2
融資の成功はさらなる成功を生む
島田直樹さん

Chapter 3
良い管理会社と信頼関係を結ぶ方法
石原博光さん

Chapter 4
投資価値を上げるリノベーションのススメ
生形大さん

Chapter 1 ベテラン投資家からのメッセージ

不動産投資に必要な考え方

寺尾恵介さん
(「月刊！満室経営新聞」編集長)

銀行から見た2つのステージ

　これから不動産投資をしていこうという方に知っておいてほしい前提条件のようなものがありまして、それは「不動産投資には2つのステージがある」ということなんですね。

　そして、ご自身が今はどのステージかというのを理解しながら投資をしていくことが大切です。これから始めるという方であれば、今は「サラリーマン投資家」としてのファーストステージにいるということになります。

　実はサラリーマン投資家というのは、不動産投資全体から見るとかなり特殊なのです。物件購入資金を融資してくれる金融機関も、サラリーマン大家さんに対してはそれ専用の融資基準を設けているところが多く、そのため購入しやすい物件（＝融資が付きやすい物件）というのもだいたい決まったパターンになることがほとんどです。

　これから不動産投資をしようというサラリーマンには当然実績や経験がないので、金融機関としては経営が比較的簡単で流動性や担保評価が高い種別の物件でないと安心して融資ができません。

　必然的に「それなりのエリア」「古すぎない築年数」「割と高めの入居率」の物件ばかりに融資が付くようになり、そういった物件にサラリーマン投資家が集中するという状況が生まれるというわけで

す。購入したい人がたくさんいるので、高い利回りで売られる確率は非常に低くなりますね。

そういう競争に巻き込まれなくないという投資家さんも多いと思いますが、先述したように最初は実績も経験もありません。古かったり空室率が高かったりする物件を安く購入して高利回りを実現したいと思っても、金融機関からすれば「そのような難しい物件を、あなたが運営できるかは分からないので融資はできない」という判断になってしまいます。ファーストステージのうちは、融資が付く物件を買うか自己資金のみで物件を購入することで賃貸経営の実績を積むしかないのが現状です。

このステップを省略して先に進みたいというこだわりによって、物件が買えないまま何年もムダにしてしまっている人も多いでしょうね。

経験と実績を積んだサラリーマン投資家は、いわゆる「事業者」としてのセカンドステージに進むことになります。複数年にわたる実績とリスクを許容できる資金があれば、運営が難しいと思われる物件でも融資が受けられるようになってきます。半面、金融機関からは決算書や保有物件の運営状況なども細かくチェックされるようになりますので、利益が出ていなかったり高い空室率が改善できていなかったりすれば、今後の融資は絶望的です。

金融機関からの評価がしっかり分かれるのが事業者としてのセカンドステージということになりますが、いずれにしてもステージの違いを分かったうえで不動産投資に取り組むことは非常に大切です。

最近は「自己資金○○万円でもできた」というような話が溢れているので忘れてしまいがちですが、いまだに金融機関は不動産投資を「本来は富裕層がやるもの」で、収益物件の購入は相応の自己資金を投入すべきであると考えています。

5000万円アパートを購入するのであれば、融資額は4000万円。1000万円＋購入諸費用の自己資金を拠出してもなお、決済後に一定額の預貯金が残っている……くらいの基準です。この場合、2500万円くらいでしょうか。サラリーマン投資家さんのイメージだと、2500万円も自己資金があれば3億円くらいのマンションが買えてしまうくらいに考えてしまうかもしれませんが（笑）、そうではないのです。

もちろん、諸費用のみのフルローンで購入できることもあります。

ただし、それは融資評価がきわめて高い特殊な物件でなければいけませんし、そういった融資をしてくれる、ある意味特殊な銀行を使わないといけません。もちろん、一定水準以上の属性も求められることになります。

巷に蔓延しているようなハイレバレッジの不動産投資は、金融機関の融資方針や金利などの環境と、収益物件の価格相場がタイミング良く合致した結果として「たまたま今は実現可能」という程度の、きわめて特殊なものであるということを理解していないといけません。

目標と手段（スタンス）の関係

1棟ものと区分、木造とRC造（鉄筋コンクリート構造）マンション、どちらがいいでしょうかという質問をよくいただくのですが、これは「カレーとお寿司のどちらがいいでしょうか」という質問と同じで、前提条件が分からないと答えようがありません。

ここで言う前提条件とは、「不動産投資の目標」です。どれくらいの資産規模を実現したいのか、目指すキャッシュフローがいくらで、いつまでに達成したいのか。労力がかかっても早く実現したいのか、ゆっくりでも負担の少ない手段を選びたいのか。こういった目標が定まっていてようやく、適切な手段が何かという答えが出る

のです。

　私はこういった手段の集合体を「投資スタンス」と呼んだりしますが、まさに不動産投資の成否を決めるのはスタンスです。

　スタンスについては2つの性質を理解する必要があります。
それは、

1．どのスタンスにも、メリットとデメリットがある。
2．目標が高いほど、達成までの時間が短いほど、選べるスタンスは少なくなっていく。

ということです。

　よくあるハイレバレッジのRC 1棟マンション投資は、融資が付きやすく爆発的に規模を増やせますが、投資家からの人気も高いので高利回りは望みにくく、固定資産税や建物維持費が高いです。木造の新築アパートを購入すると入居付けや運営は楽ですが、利回りが低いうえに自己資金がある程度必要ですし、よほどの属性がないと何億円単位の購入はできません。
　先へ進めない人は、こういったデメリットを受け入れられない結果として、目標とスタンスが一致しないまま時間を浪費している可能性が高いです。

不動産会社の選定

　スタンスの選定と並んで重要なことは、良い不動産会社を選ぶということです。さらに言えば、良い不動産会社にとって「良い見込客」になるということも大切です。
　良い不動産会社としての要素はいろいろありますが、サラリーマ

ン投資家にとって重要なのは、「目的地にたどり着くための手段を示してくれる」ことではないでしょうか。
　それぞれの会社には売りたい物件というのが決まっていますし、得意とするカテゴリーがあります。区分のワンルームマンションばかりやっているところもあれば、１棟ものしか扱わないところもあります。都内が強い、地方が強い、特定の銀行に強いなど、会社によっての特性も違います。自分のスタンスに合った物件を得意にしている会社が望ましいのは言うまでもありません。

　２つめの要素としては「総合力のある会社」が挙げられると思います。数千万円から億単位の収益不動産を見つけて購入の判断をして、融資付けや管理会社の選定をして……というような一連のプロセスは、経験がない人にとっては本当に大変です。
　特に情報収集と融資付けについては困難です。不動産投資の本を読んでその通り自力で全部やろうとしても、良い情報は得られないし金融機関の反応もウソのように冷たいという現実に直面することでしょう。

　良い不動産会社は例外なく、仕入れ力と融資力が強いです。
　購入客を多く抱えているのでほかの業者とのネットワークもできやすく、非公開の物件が数多く持ち込まれます。そういう会社は金融機関から見ると「優良物件と優良顧客をたくさん紹介してくれる重要先」になるので、一個人が自分で融資を申し込んだ場合に比べて良い結果が得られる可能性が高いのは当然です。
　実績のない初心者の投資家さんでも、不動産会社の実績と信頼をうまく借りることで資金調達が成功しやすくなるということです。
　そして融資に限らず、購入後の管理や専門家の紹介など、不動産投資に関連するさまざまなサポートができる会社は、単に仲介や販売をして終わる会社に比べて長い付き合いができるでしょう。

そして3つめの要素を挙げるとすれば、「物件のグリップ力」ではないでしょうか。
　ご自身が収益物件を購入したいのと同じように、全国には多くの投資家がいて日々物件を探しています。なかには自分たちを遙かに上回る経営力や資金を持ったプロもいますし、宅建業を持っている不動産会社の中にも、収益物件を仲介・転売するのではなく自社で賃貸経営をしていくところがあります。ライバルは思っているよりずっと数が多く、そして手強いのです。もちろん良い物件であるほど早期にほかに取られてしまう可能性は高まります。

　一方、不動産というものは高額ですので、候補の物件を見つけてからも現地での建物確認や市況のリサーチをしたうえで購入申込を行わなければ危険ですし（場合によっては、現地確認前に買い付けを入れることもあります）、契約の段取りをしながら融資を通して……と急いで進めてもそれなりの期間が必要です。
　特に融資の審査は時間がかかりますので、審査途中で他の投資家に物件を取られてしまうということも最近は増えてきました。1億円以上する物件であっても現金購入の富豪にさらわれてしまう時代です。そんな状況下であっても、自社の見込み客が物件を無事に購入できるようなグリップができる会社は優秀だなあと思いますね。
　売主としては、購入申込をしてきた一個人に対して様々な不安があります。何週間も待たされた挙げ句に融資特約でキャンセルされるのではないかという心配もあるでしょうし、指値を受け入れたけれども、待っている間に満額で購入したいという人が現れるのではないかという期待をしているかもしれません。
　そこを売主側の仲介会社が「大丈夫だから。こちらに売るのがあなたのためにも最良の選択だから」とほかからの購入を「商談中」ということでストップしてくれるからこそ、買主は安心して進められます。

買主側の不動産会社による、そういった働きかけを「グリップ」と呼ぶわけですが、自社の見込み客のために物件の公開やほかとの商談を中止してもらうためには、売主側の会社との強い信頼関係が必要です。「この会社経由で買い付けが入って、取引が流れたことはない」という信頼感が強いグリップにつながり、投資家さんには買いたい物件が確実に買えるというメリットがもたらされます。

　収益物件を専門に扱っている会社というのは無数にあるわけではありませんので、例えば東京のそういった会社と、地方で賃貸管理をメインに営業しているような会社とで、複数回の売買取引が行われるようなことは珍しくありません。自分の物件が売られていることを知られたくないという大家さんは意外と多いので、「内々で買主を見つけてください」というような売却依頼を受けることもあります。

　そんなとき、確実に買主を探して物件を流通させてくれるような会社として信頼されているかどうかで、情報の量やグリップの強さがまったく違ってくるということです。

優秀な営業マンとは

　先に挙げた「良い不動産会社の3つの要件」は、組織としての「会社力」と、営業マンなどの「個人力」のどちらか（または両方）によって成り立っています。ですから投資家としては良い会社を選ぶと同時に、良い営業マンを選ぶというのも大切です。

　成功している投資家さんの書籍を読むと、特定の営業マンと懇意になって繰り返し物件を購入し、規模の拡大に成功したというような事例がよく出てきます。優秀な営業マンと出会ってきわめてレアな掘り出しものを紹介されたり、難しそうな融資を通すために尽力してくれたりといった支援を受けられたら最高ですね。

では、優秀な営業マンの条件とはどんなものでしょうか。

まず、収益物件仲介・販売の営業マンである前に1人の社会人なのですから、一般のビジネスマナーやスキルは備わっていることが必須条件です。こちらが質問したことにスピーディーに回答をくれたり、連絡が放置されたりしないなど、物件購入の妨げになるようなお仕事ぶりでは困ります。

また、各金融機関の融資情勢や物件の相場などに熟知していることも大切です。仮に自分の目標が「家賃年収5000万円」であった場合に、自分の属性や自己資金と照らし合わせて、「こういう物件を、この銀行を使って買っていけばたどり着ける」というようなルートを描いてくれるような知識や情報を持っていて、それが常に最新のものにアップデートされているとまさに理想的です。ビジネスマナーとスキル、情報や成功事例のストックを豊富に持っていることが、優秀な営業マンかそうでないかを分けるポイントになりそうです。

逆に、それ以外の部分では「相性」のようなものが大切ではないかと考えています。同じように優秀な人であっても、ある営業マンはあらゆる視点から物件を分析して説明し、購入の判断をじっくりと待つようなタイプ。別の営業マンは、投資家さんが目標を達成するためにグイグイと引っ張っていくようなタイプ。それぞれにファンがいて、繰り返し同じ投資家さんに物件を販売していたりします。

一般的にはリスクや購入のデメリットをしっかり伝えたほうが誠実であると考えられていますが、営業マンに対して「そういう分析と判断は自分でするから、情報をくれて融資を付けてくれさえすればいい」と思っている投資家さんも意外と多くいるものです（私もそうです）。

複数の不動産会社を訪問し、多くの営業マンと話をすることで、自然と自分に合う人は見つかってきます。おもしろいことに、「こ

の人とは合うな」と感じた場合には相手も同じように感じていることがほとんどです。この人だ！　と思える営業マンに出会えた場合は、ぜひ長期継続的な取引をしていきたい旨を伝えて支援をしてもらってください。きっと良い結果につながるでしょう。

　このような人たちが、あのベストセラー『金持ち父さん貧乏父さん』などのお金持ち系の書籍で非常に大切だと強調されている「チーム」になっていくのです。

プロは出し抜けない

　関連書籍をたくさん読んだり、セミナーに参加したりといった情報収集や知識の習得はとても大切なことではありますが、こういった勉強熱心な人が意外と間違った方向に進んで成果が出ないといったことがあります。

　書籍やセミナーで得たノウハウを、今の自分では実践できないというのがその理由の1つですが、なかでも「プロを出し抜く」ことを目指して膨大な時間と労力をムダにしてしまうことが多いようです。プロというのは、ここでは収益不動産を専門で扱っている会社や、そこでお仕事をされている人たちのことです。

　書籍は派手でキャッチーなことを書かないと売れませんので、出版社の意向などで内容が偏ってしまうこともあります。「プロを出し抜く」系のエピソードが必要以上に多いのは、おそらくそういった理由からでしょう。もしかしたら、著者さんも書いていて気持ち良いのかもしれません。

　例えば、誰も知らなかった高利回り物件を独自のルートで見つけたり、まさかというような金融機関で好条件の融資を実現したり、たまたま見つけたリフォーム業者さんが、相場の半額で工事を請けてくれたりというようなことが書かれています。

しかし、そういう武勇伝を真に受けてはいけません。書籍にこういう話が多く載っているのは、それがレアケースだからなのです。

物件情報の仕入れが一番顕著な例でしょう。

サラリーマンをしながら不動産投資をしようという程度の人が物件情報の収集に費やせる時間は、せいぜい週に数時間というところです。週に10時間使えるなら相当なものです。しかし、プロの不動産会社では仕入れ担当の社員が何十人がかりで、それも本業として1日中頑張っています。

サラリーマン投資家が1週間でこなしている行動量を、そういった専門会社は始業後10分で終わっているわけですから敵うわけがありません。人と違うことをしたいという気持ちは分からないでもないですが、それによって成功が遠のくようでは本末転倒です。

不動産投資の個人的体験

私が不動産投資を始めたのは2004年ですが、そのころは収益物件の検索サイトもほとんどありませんでしたし、使える金融機関がどこかという情報も共有化されていませんでした。

物件相場としては今のほうが高いのかもしれませんが、そのころは融資も付きづらかったですし、普通のサラリーマンが億単位の1棟ものを購入できるようなこともありませんでしたので、今は便利になったなぁというのが個人的な印象ですね。

投資をスタートした時点での自己資金は900万円程度でした。毎年1～2棟ペースで買い続けていたので、毎月の家賃収入は増えても自己資金は減る一方でした。

そのころは勤務先の配属によって富山県に住んでいたのですが、当初の計画では東京の区分マンションを購入したいと考えていまし

た。やはりこれも当時に読んだ書籍の影響かと思いますが、どう考えても家賃収入に対する借入金の返済比率が高すぎて、規模を増やせる気がしません。そこで、リスクを感じながらも利回りがもう少し見込める地元で物件を探していこうと考えました。富山県には投資用のワンルームマンションがほとんどありませんので、1棟もののアパートを検討するようになりました。

　不動産投資に関しての具体的な活動を始めてから半年くらいでの方向転換ですが、それまでに100件くらいの区分マンションを見に行きました。こういった経験もその後の役に立っているとは思いますが、やはり自分のスタンスを決めるための相談ができるメンターがいたり、先述したようなチームの存在があれば、もっと効率良く規模が増やせたと思います。

　ちなみに、チームの探し方としてオススメなのが「健美家（けんびや）」や「楽待（らくまち）」などのポータルサイトです。

　ほとんどの人はこのサイトを「収益物件を探すため」に活用されていると思います。膨大な物件を希望の条件で絞り込んでいって、良さそうなものが見つかったら記載されている不動産会社に問い合わせるという流れですね。

　しかし私は、こういったポータルサイトを「不動産会社との出会いの場」として考えています。出会い系サイトですね（笑）。サイトをチェックしていると、「この会社は取扱物件の数が多い」とか「東京の会社だけど関西エリアに強そうだ」などの特徴が分かってきます。ここだ！　と思った会社に連絡をして、「これから物件や金融機関を紹介してもらうため」に面談をするのです。

　本をお読みの皆さんも薄々気づいているかとは思いますが、ポータルサイトに載っているような物件の多くは、掲載に先立って自社で懇意にしている投資家さんに紹介されています。それでも掲載さ

れているということは、誰も買わなかったということでもあります。

　時間をかけてそういった物件をチェックするより、サイトに載る前の物件を紹介してもらう努力をしたほうがよさそうです。

　また、不動産会社を訪問する際には「良い見込み客」となるように心がけてください。金融資産や属性情報などを隠さずしっかり開示するのはもちろん、不動産投資の目的や目指す規模などを正直に話し、プロの目から見てそれをどうやったら実現できるかという意見を聞くのです。

　個人情報を伝えることを渋る人もいますが、いざ融資を受けようとすると、開示しなければならない情報はこんなレベルではありません。

再現性とコントロール

　不動産投資がほかの投資に比べて優れているところを挙げるとすれば、間違いなく「投資のコントロールと再現性」の2つであると思います。ほかの投資にはない強烈なメリットです。

　株式投資を比較してみましょう。購入した会社の株の価格を上げるために、ご自身ができることは何かありますでしょうか。個人レベルでその会社の商品をたくさん買ったところで、株価に与える影響などありません。よほどの大株主にならない限り、経営方針に口を出すことも、役員の人選をすることもできませんね。

　これが不動産投資であればどうでしょう。家賃を下げて競争力アップを狙ったり、広告料を増額して仲介会社の注目を集めるなどの施策は自分の好きなようにできます。

　持ち物件の外壁を好きな色に塗り替えたり、名称を変えたりするのは簡単ですが、自分が株を所有している会社の商品の名称やパッケージを変更することはできません。株式投資は買った以上は相場

任せですが、不動産投資は買ってからもいろいろな工夫ができるのです。

次に再現性に注目してみましょう。

株式投資の場合、「この株を買って、3カ月後に売却したら20％の利益を得た」「企業の不祥事発表で株価が3割下落したところで購入したら、直後に反転して利益が出た」というような成功例は、これから同じことが起こるとは限りません。

しかし、不動産は違います。ある物件で人気があった設備やデザインは、別の物件でも同じように支持されるでしょうし、「管理会社との関係を強化したことで、入居率が上がった」という成功事例は、別の管理会社でも同じ結果になるでしょう。

そういう経験の中で投資家さんごとの「勝ちパターン」が確立されていき、ほぼ同じことを繰り返していくだけで成功し続けられるのです。

買わないまま断念しないための方法

私は「月刊！満室経営新聞」という不動産投資家向けのWEB情報誌を毎月15日に発行しており、1万人以上の読者さんに購読をいただいています。名前とメールアドレスなどを登録するだけで、無料で多くの情報を収集することができる便利な媒体で、この本をお読みの方も既に購読されているかもしれませんね。

しかし、このような無料媒体であっても購読を解除する人はいます。もちろん「記事がつまらない」「メルマガが送られてくるのが気に入らない」という理由で解除する人もいますが、一番多い解除理由は「不動産投資をやめたから」というものです。

新聞の購読時に、収益物件を所有しているかどうかの情報を入力

してもらうので分かるのですが、不動産投資をやめたという理由で新聞購読を解除した方の9割以上は、購読時に物件を所有していません。だから不動産投資をやめたのではなく、「不動産投資をするのをやめた」というのが正しい解除理由です。

いずれにしても不動産投資は、1棟購入する前の挫折率が非常に高く、これは株式投資に比べて劣っているところだと思います。株式投資をしようと思った人で、1銘柄の株も買わずに終わる人は多くはいないはずです。

逆に、投資用物件を1棟でも買って大家さんをスタートさせた人は、ペースの違いはあるものの、その後も投資活動を継続されていることがほとんどです。「以前は株をやっていたのだけど、リーマンショックがあってからは手を引いたよ」という人は多いですが、不動産はあまりそういう話を聞きません。

要するに、不動産投資は適切なスタンスが決まって1歩踏み出しさえすれば、何年何十年にもわたって投資を続けられることが多く、最大の難関は初めての物件を購入する前なのだということです。

例えて言うと、食べ放題の店に行ったものの、自分には何を食べるべきか分からず、並んでいる料理の味も予測できない。どれを食べてもリスクが心配で、結局何も食べずに終わる……という人がたくさんいるのが不動産投資の世界なのです（笑）。

そうならないためにも、不動産投資をするうえでの目的や目指す規模やスタイルは明確にしましょう。毎月のキャッシュフローだけでなく、こうだったらいいなというライフスタイルなども考えてください。

すごい早さで規模が増やせるけど、買ってからも相応の努力が必要な投資法もあれば、規模の増え方は遅いけど買ったことを忘れてしまうくらい手がかからないという投資法もあります。

もちろん、すごい早さで規模が増えるうえに、手もかからないというようなあり得ない投資法を追い求めてはいけません。
　そして信頼できる人に相談するなどして目標に到達するための最適なスタンスを見つけ、良い会社と営業マンとチームを組んで1棟目を買いましょう。
　目標を決め、それにたどり着くスタンスが定まれば、行動するための障壁はぐっと減るはずです。自信を持って最初の1歩を踏み出すだけで「最大の脱落ポイント」を超えることができるのが不動産投資なのです。

Chapter 2 ベテラン投資家からのメッセージ

融資の成功は
さらなる成功を生む

島田直樹さん
(新日本不動産株式会社 代表取締役)

事業を拡大するには、金融機関からの融資は不可欠

　私が不動産賃貸業を始めたのは5年前。まだサラリーマン時代の2011年のことでした。物件を探し始めてから4カ月後に最初の物件を購入しました。

　それから5年足らずのうちに、私の所有物件は7棟、150戸に及びます。年間の家賃収入は約9000万円です。現在はサラリーマンを辞めて、法人を設立し、不動産賃貸業を専門に行うまでになりました。

　なぜ、ここまでの結果を得られたのか。

　言うまでもありません。金融機関から確実に融資を引き出して、事業拡大ができたからにほかなりません。

　より具体的に言えば、プロパーローンを引くことができたからこその成果と言えるでしょう。

　プロパーローンとは事業性ローンですから、こちらが希望してもいきなり組んでもらえるわけではありません。まずはアパートローン融資を受け、ここで実績を得て、不動産賃貸業としての経営能力を金融機関から認めてもらう。これが王道です。

　つまり、不動産賃貸業を軌道に乗せ、事業を拡大するためには、アパートローン時代の実績がものを言うのです。

この時期に、いかに大家としての知識やノウハウを蓄え、黒字経営ができるか。これがカギになるのです。
　すなわち、融資を組んで、物件を購入することがゴールではありません。むしろスタートだと心得なければなりません。

　加えて、プロパーローンを得るために欠かせないのは、金融機関の「開拓」です。待っていても、自分の実績や経営能力を認めてもらうことはできません。自ら金融機関に足しげく通って、アピールすることが必要です。
　しかし、これができない大家さんが少なくありません。確かに金融機関は敷居が高いのも事実ですが、自らその壁を打破していかなければいけないのです。
　不動産会社に依存しよう、任せてしまおうとする人もいます。アパートローンの場合には、それでもいいでしょう。むしろ、任せたほうが効率的と言えるかもしれません。
　不動産会社が金融機関と提携しているケースも少なくありませんし、審査基準が画一的ですから、難しい交渉も必要ありません。
　むしろ、不動産会社は審査の条件にあてはまるお客様に声をかけ、「購入したい」となれば、自動的に手続きを進めます。購入者の手をわずらわせることはありません。
　しかし、いつまでも不動産会社に依存しているようでは、プロパーローン融資を得ることができません。プロパーローンは、結局は経営者本人自体が判断されるわけですから、不動産会社としても交渉の余地はないのです。

金融機関の「開拓」に力を注ぐ

　結局のところ、融資はもとより不動産経営を成功させるには、「人任せにしない」姿勢が大切になります。

実際、私自身もこれまで不動産経営に関しては、ほとんど人任せにしたことはありません。
　何でも自分で一から経験することで、大家としての知識・ノウハウを獲得することができると考えて、自分なりに試行錯誤してきました。
　結局、これが大家としての経営能力をはぐくむための近道だと確信しています。
　初めての物件探しも人任せにしませんでした。物件を探すためには、不動産会社から情報をもらわなければなりません。しかし、一介のサラリーマンでしたから、不動産会社との接点などありません。さらに、当時は物件情報を紹介するサイトなども充実していませんでした。
　そこで関西周辺の不動産を扱っている不動産会社から50社ほどをピックアップして、
「自分はサラリーマンをしながら、不動産賃貸業を行いたいと思っています。まずはこんな収益不動産の物件を探しています。いい物件情報があれば、教えてください」
と自己紹介も兼ねた依頼状を各社にファックスして、不動産会社へのアプローチから始めたものです。
　その中から、電話をいただいたり、ファックスで物件情報を提供してもらったり、実際に面談をしていただいた不動産会社との関係をコツコツと作ってきたのです。
　当初は、なかなか自分がほしいと思う物件に巡り合うことはできませんでしたが、やがて担保価値が十分にあり、収益も出る。かつ駅近で、狙っていたファミリータイプ。自分が求めていた物件を購入するチャンスに恵まれたのです。

　同様に、金融機関もコツコツと開拓してきました。アパートローンの枠をすべて使い切ってからは、自ら関係の構築に動きました。

購入したい物件が出るたびに、まずは可能性がある金融機関をピックアップして、片っ端から電話をかけ、反応がいい金融機関にアポイントを取っては、経営実績、空室を埋めるための工夫、今後どのように経営していくかをアピールしました。

　このように言うと、いかにも「努力」しているように思われるかもしれませんが、自分自身としては「努力」をしたという感覚はありません。

　ほしいと思った物件を手に入れるためには、金融機関からの融資は不可欠ですから、可能性のある金融機関を回るぐらいは、当たり前という認識でした。

　実際、不動産賃貸業で事業を大きくしている成功者は、行動力があります。金融機関を訪問して関係を作っていった人が成功しているのです。

過去の実績をレポートにまとめる

　もちろん、すぐに融資を引けるわけではありません。金融機関の側に立って考えてみたらすぐに分かります。

　目の前にいる相手、すなわち私は、アパートローンの融資を得ただけの単なるサラリーマン。「素人がちゃんと経営できるのか」という感覚だったでしょう。

　だからこそ、何度も会ってもらって、こういう形で、利益が出ていますよ。空室を埋めてきましたよとアピールして、担当者に、
「ちゃんとやっているんだな」
と理解してもらう必要があるのです。

　信用を得るには、それなりの時間と労力が必要です。一度、融資を断られたからといって、嘆いていても仕方がありません。

　今回は断られたけど、次の機会で融資を認めてもらえればいい。

そのぐらいの意識で臨むことが必要です。

私の場合は、融資を断られた後、決まって担当者に特別なレポートを送っていました。私はこういう方法で、黒字経営をしてきた。空室を埋めてきた。今回はご縁がありませんでしたが、次回、良い物件が出てきたら、ぜひ融資をご検討いただけないか。そういう趣旨のレポートです。

既に話したことであっても構わない。改めて自分の強みを分かりやすく、簡潔にまとめて、少しでも心証を良くすることが狙いです。私の場合は、写真を使ったリノベーションの実例なども載せていました。

実際に効果は大きなものがありました。レポートをお送りして数カ月後に改めて融資をお願いにいくと、10日ぐらいで融資を決定してくれた金融機関もありました。

最大のアピール材料は黒字決算書

融資を引っ張るためには、過去の実績をアピールするだけでなく、購入物件自体の安全性も理解してもらう必要があります。

しかし、これがなかなか難しい。というのも、私が買いたいと望む物件は利回りが高いものに限定されます。

必然的に空室が多いボロ物件に狙いを定めます。空室が3割、4割の物件を自分の努力で満室にして、収入を上げる。これが、私が積み上げてきた成功モデルです。

金融機関はかつて、地元の中小企業への融資が業務の大きな柱でした。しかし、産業自体が衰退し、人口減少も顕著になっています。

すると、回収が難しいので、設備投資に対する融資ができない。そこで、収益不動産への融資にも力を入れるようになってきましたが、なるべくリスクは取りたくない。担保価値が小さく、空室などが多い物件は遠慮したいと考えるのが普通です。

両者には大きな溝があるのも事実ですが、これを埋めるための説得材料をいかに持つか、そして、金融機関から好かれる経営者になれるかどうかが分かれ道です。
　好かれるために最も必要なことはいい決算書を作ること。これが一番です。満室経営、最低でも95％以上の稼働を心がける。なかには節税のために赤字経営を勧める専門書もありますが、銀行からしてみれば、何で赤字の会社に融資しなければいけないんだと考えるのが自然です。節税など、小さい利益にこだわらず、ひたすら黒字経営を目指すのが正解です。
　金融機関に好かれるためには、金融機関が気にする数字を良くすることも欠かせません。空室率は多少高い物件であっても、そのほかの数字が条件に当てはまっていれば、
　「島田さんは空室を埋める経営をしてくれるから大丈夫だ」
　という結論になりやすいのです。
　例えば、金融機関は「法定耐用年数」を気にします。
　RCの場合だと47年で、これを超えた物件の建物部分の価値をゼロと見なす金融機関も少なくありません。
　築60年の物件でも、自分なら空室を埋められる。それはそれで素晴らしいことですが、金融機関が評価しないところで、いくら頑張っても意味はありません。実際、融資期間も、法定耐用年数をマックスと考える金融機関が多いということは頭に入れておくべきだと思います。

　ちなみに、借入金が完済されるまでにどれくらいの年数を要するのかを表すものとして「債務償還年数」という指標があります。
　もし、築30年のRCの物件を持っていたとすると、法定耐用年数の47年から30年を引いた17年（これを「残存耐用年数」と言います）のうちに、金融機関は借り入れを返済してもらいたいと考えるのが自然です。

仮に自社の決算書の債務償還年数が30年の場合、残存耐用年数以内に返せないわけで、これだと金融機関は新規で融資をしたがりません。
　一方で、債務償還年数が10年だとしたら、残存耐用年数以内に返済できるわけですから、経営としては十分に回っていますねということになって、新たな融資も通りやすくなる。あくまでも金融機関目線で賃貸業を行う自覚が必要です。
　同時に、いかに、手持ち資金を持っているかが融資の際にポイントになるので、現金は極力使わないことも重要です。
　例えば、Aという経営者は現金を1億円持っている。Bという経営者は300万円しか持っていない。Aさん、Bさんがどちらも同じ物件を購入したいと、融資の依頼に来たとします。金融機関はどちらにお金を貸すでしょう。現金を多く持っているAさんに決まっています。
　銀行に提出する事業計画も重要です。まずは、賃貸人のターゲットはどういった人なのかを明確にします。例えば、近隣にメーカーの工場があるので、その従業員を対象にします、というようなことです。

　さらに、私は「これは」と思う物件情報を入手すると、あらかじめ想定されるリスクをすべてピックアップします。
　岡山市のとある物件情報が手に入った。すると、まずは岡山県全体、そして岡山市全体の空室率をチェックして、マクロで見て問題はなさそうかを確認します。
　さらに、物件所在地にある賃貸の不動産会社2～3社にヒアリングします。
　競合物件はどうなのか。周辺の空室率はどうなのか。競合物件はどれくらいの家賃で貸しているのか。
　さらに、購入したい物件は、どのような募集条件だと満室になる

のかを明確にしたうえで、それらの情報を事業計画に盛り込んでいくわけです。

複数の金融機関とお付き合いすべし

　ほかに、ぜひ強調したいのが、お付き合いをする金融機関の数をなるべく増やすということ。一金融機関が、1年に融資をしてくれる案件の数は、当然限りがあります。だからこそ、なるべく間口は広くする。多くの金融機関に足しげく通って、顔を売り、信用を得ておくことが重要です。

　実際、金融機関は横並び意識が強いし、ほかの金融機関の動きもよく見ています。A銀行から融資を得ているということが分かると、「うちからも融資させてもらいたい」という話が出てくることもよくあります。

　さらに、多くの金融機関を回ると、それぞれの審査の基準も見えてきます。A銀行はこういうタイプの物件は評価してくれないけど、逆にこのタイプの物件は高く評価する傾向がある。そうした情報をその後の物件購入に活かすこともできるのです。

　ときには、複数の金融機関から融資の申し出を受けることもあります。なかには「断る」ことに抵抗を覚える人もいるかもしれませんが、そこはビジネスとしてしっかりと割り切りましょう。

　「より好条件を出してくれた銀行がありましたので、今回はその銀行から融資を受けることになりました」

　と簡潔に事実を伝えればいいのです。逆に、次回の融資依頼では、より良い条件を出してくれる可能性があります。

　また、投資目標によって付き合う金融機関を変える経営者もいるようですが、私はそれほど複雑に考える必要はないと考えています。物件ごとに最も良い条件を出してくれた金融機関とお付き合いをす

るというシンプルな考え方でよいと思います。

　以上が、私の融資に対する考え方ですが、実のところ、プロパーローン融資を受けられる大家さんの数はきわめて少ないのが実情です。アパートローンの限度額で打ち止めという人がほとんどです。
　なぜでしょうか。私は意識の問題が大きいと考えています。事業家、経営者としての意識です。
　「不動産投資」という言葉が定着していますが、私はこの言葉に違和感を持っています。「不動産賃貸業」という表現のほうが実態を正しく表しているでしょう。要は投資ではなく事業であるということを肝に銘じる必要があると思います。
　実際、金融機関も投資には融資してくれません。銀行が株式投資のための資金を融通してくれるわけがありません。金融機関が融資してくれるのはあくまでも「事業」に対してなのです。この前提を忘れてはいけません。
　不動産融資の最大の利点はレバレッジにあります。そのレバレッジはプラスに働けば、大家さんにとって大きな利益となりますが、マイナスに働けば逆に大きな損失を抱え込むことになります。
　その意味でも、経営者としての意識を高く持って、地に足を着けた経営が必要であるということを最後に強調しておきたいと思います。

Chapter 3 ベテラン投資家からのメッセージ

良い管理会社と信頼関係を結ぶ方法

石原博光さん
（不動産投資コンサルタント）

良い管理会社と信頼関係が築ければ

　私は上場企業のサラリーマンで安定的な給料があってという立場からの不動産投資ではなく、小さな会社の経営者で、事業の一環としての投資でした。

　ただし、一流企業や公務員などと違って銀行の信用力は弱いので、大金は融資してもらえないだろうということで、少ない予算の中でどうするかと考えたときに、「収益性の高い物件」を狙うという結論に落ち着きました。

　となると、やはり地方の物件となります。

　最初に買ったアパートは利回り24％でした。高利回りですが、実際にはそれを高稼働させなければ、絵に描いた餅になってしまいます。

　そうした、ある意味で追い詰められた、夏休みの終わりに溜まった宿題をやりこなす中学生と同じ背水の陣でやりましたから、何事にも本当に良い勉強をさせていただきました。

　管理会社とのお付き合いも同じです。

　東京在住の私でしたが、不動産投資の対象は都心ではなく、一貫して利回りの高い栃木県、茨城県、千葉県などのアパート、マンションです。

築年数の古い物件が多く、近隣の平均的な入居率が6割といった地域が多い中にあって、私の場合は常時95％の入居率をキープしています。
　この要因は、地元の管理会社との「良い関係」がもたらしたものだと考えています。
　最初のころこそ信頼関係を築くために頻繁に顔を出して、直接コミュニケーションを取りましたが、やがてすべて電話とメールで意思が通じるようになりました。遠隔自動操縦と言っては言葉がすぎましょうが、そうした仕組みを作り上げたと思います。
　2014年の4月からアメリカ・カリフォルニア州に移住したため、東京ではなくアメリカとなったらどうだろうかと不安はありましたが、実際には杞憂に終わりました。
　渡米以後、10部屋以上のリフォームをしましたが、電話とメールだけで、すべて納得のいく仕上がりで、入居に関してもまったく問題がありません。
　それもこれも、投資物件のある地元の、良い管理会社を選んだからと言えると思います。
　良い管理会社と信頼関係を結べば、たとえ身はアメリカにあろうとも順調に運営できる。これが不動産投資のメリットだろうと思います。

　地元の管理会社、と言いましたが、誤解のないように一言付け加えておきます。結局は地元の管理会社に頼るのがベストだというのが、私の経験の結論なのですが、ただしこれは地方の物件に限ります。
　例えば東京などでは、東武東上線の準急も止まらないようなマイナーな駅に投資物件がある場合に、その駅付近の管理会社、つまり地元の管理会社に頼むよりは、池袋のようなターミナル駅の管理会社を選んだほうがよいでしょう。客付けがまったく違います。飛び

込み客もあります。
　しかしそれは東京での話。地方を中心に投資物件を持つ場合には、地元が良いという意味です。
　管理会社の選定は、10年、20年と長い期間にわたって投資物件の運営に関係しますから、大変重要です。その重要さを痛感させられ、管理会社を変更した、私の体験をお話しします。

管理会社が物件の場所から遠いケース

　1つめは、茨城県にある物件です。
　この物件を購入するに際して、仲介に入った業者さんがちょうどその当時、管理業を始めたのです。担当者も当然一所懸命で、
「ぜひ、うちに管理を任せてください」
　熱意を込めて、そう言いました。
　ただ、そのときにちょっとした懸念はあったのです。
　というのは、物件が茨城県内にあるのに、その会社は埼玉県の大宮市にあるのです。
　車で現地に行くのに、順調に走ってもおよそ1時間はかかります。
　しかも、この道はよく渋滞するのですね。ときには、倍の2時間もかかってしまうことがあります。果たして、ちゃんと管理業務をしてもらえるだろうかと、心配はありました。
　そういうことを感じていましたから、少しためらったのですが、結局は「どうしてもやらせてください」という若い担当者の熱意に押し切られる形で、委託契約を結びました。
　でも、これは失敗だとすぐに気づかされました。
　私はオーナーとしてきちんと物件を管理したいというポリシーを持っていましたから、例えば、ゴミ置き場や廊下などの共用部がきれいなのかどうか、とても気になるのです。
　特に私の前のオーナーさんの管理があまり良くなかったこともあ

って、「あそこは汚れていないか、ゴミ等の放置物で乱雑になっていないか」と気になる点がいくつかありました。

実際に、クレームもいくつか上がっていたのです。

そこで、そのたびに「（現地を）見てきてほしい」という要望を管理会社に伝えるのですが、何しろ片道２時間もかかることを知っていますから、とても気を使います。実際に、大宮から茨城のアパートまで、車で動かなくてはならない彼らも大変だったと思います。

また、担当者も性格的にちょっと気難しいところがあって、気楽に頼めない人柄だと分かってきました。

そんなことが重なって、「このままではいけないな」という気持ちが強くなってきました。

　もう１つの問題は、客付けです。空室ができたときに、管理会社が新しいお客さんを付けてくれることができるかどうかは、オーナーにとって文字通り死活問題です。

しかし、何しろ物件から遠くにある会社です。常識で考えても分かることなのですが、茨城県内のアパートに、大宮の会社に飛び込んでくるお客さん、ということはあり得ないでしょう。実際に、飛び込みのお客さんの事例は１件もありませんでした。

そんな状況で、「果たしてお客さんを付けられるのかな」という思いは最初からあったのですが、それは現実のものとなりました。客付けの時間がとても遅いのです。３カ月から半年もかかるのが普通でした。

そのころまで、地元の業者さんにお願いした経験がなかったので、「こんなものかな」と思っていました。それにしても、たび重なると、さすがに（変だな）という思いが湧き上がりました。

このころ、大宮の会社は、空室が生まれたときの対応を現実にどうしたのか。それを知って踏ん切りがつきました。

結局、地元頼みだったのです。

物件の近くにある地元の管理会社さんに費用を上乗せして依頼して、それを私のところに持ってきていたのでした。
　それが分かった段階で、いろいろと考えて「これなら、地元の会社にお願いしたほうが、いい」という結論を出さざるを得なかったのです。

地元ならではのネットワークは強い

　地元の管理会社に変更して、私はそのメリットに目を開かせられました。
　例えば、物件の管理そのものですが、以前は「遠くて2時間もかかるだろうから」と、気を使ってなかなか頼めないようなことでも、担当者の方が、
「帰り道ですから、様子を見て帰りますよ」
　と、気軽に見てくれるようになりました。
　環境犯罪学で「割れ窓理論」というのがあります。窓が小さく割れたとして、それを放置しておくと、大きな犯罪が起こってしまう。
　街の落書きなどもそうですが、そうした軽微な犯罪を早いうちに徹底的に取り締まることで、重大な犯罪を抑止できるというわけですね。
　アパートの管理なども小さな汚れやゴミを放置しておくと、大きなクレームや客離れにつながってしまいます。それを小さな、軽いもののうちからきちんと取り除く。それによって大きな損害を免れるわけです。
　おかげで、管理のレベルが数段上昇したと思います。
　客付けに関しても、今はネット集客がメインだと考えられがちですが、田舎に行けば行くほど実は飛び込み客が多いのです。すると、地元に会社があるというのはもろにその好影響を受けます。
　もう1つ、地元で良かったな、と思えたことに、修繕などの工事

があります。それが安く仕上がるのです。

というのは、ほとんどが顔見知りという地元の利を活かして、実際の工事で働く職人さん、下職さんのネットワークを管理会社が持っている場合が多いので、とても安く仕上げることができるのです。

例えば、エアコンの取り付けを電機量販店でお願いすると、商品代とは別途、工事代だけでかなりのお金がかかります。

しかし、たまたまあるときにエアコンの取り付けに立ち会ったとき、取り付けの職人さんと話したら、彼らは私たちが量販店に払う代金の3分の1くらいの工事代で請け負っていることが分かりました。

そこで、「その料金プラスアルファでしたら、直接に私が工事をお願いすることができますか？」と聞くと、「できます」ということだったのです。

どんな工事でもそうした構造になっていると思います。実際に工事を担当する人たちのネットワークがあれば、1つの工事がかなり安くなります。そのネットワークを地元の管理会社は持っています。

それによって、かなり安く工事が仕上がるというメリットもありました。

家主さんはお金持ち、という誤解から

もう1つ管理会社を変更した事例は、以上の例とは違い、同じ地元ながら、事情があって別の管理会社に変更した例です。

仮に最初の会社をＡ社としておきましょう。それを選んだ理由は、いろいろありますが、そのころは物件の所有歴や運用歴が数年くらいありましたので、それなりの自負も持っていました。そこでインターネット広告が得意な会社、上位数社を抽出して、その中でインタビューさせていただきました。

そのときに、Ａ社の社長にすんなり会えたことが1つあります。

また、その方がかつて東京の不動産会社に働いていて、今は社長として頑張っているという状況で、私とフィーリングが合ったこと、もう１つ、管理費が大変安かったこと、さらにある有名なフランチャイズチェーンであったこと。
　これらが相まって、Ａ社に決めたのです。
　ところが、ここにお願いしているうちに、修繕工事をしたところ、その修繕費が「あれ？」と思うくらい高額だったのです。
　そういうことが続いて、このＡ社のビジネスモデルがよく分かってきました。
　どういうことかと言うと、管理費を安くして集客を進め、管理物件を増やしていく中で、修繕請負で利益を上げるというものです。修繕請負がＡ社の大きな収益源だったわけです。

　また、客付けも非常に緩慢でした。
「この会社に頼んでいて、いいのかな」
と不安に思いながらずっといたのですが、なかなか「やめよう」と決断できなかった理由の１つは、実は接待が上手だったのです。
　例えば、クルーザーを出してくださって、うちの家族を海遊びに招待してくれたり、お歳暮やお中元に非常に豪華なものを送ってくれたりとか。こうしてもらうと、人間、悪い気はしないものです。
　それで気持ちを鈍らせてしまったようなところがあったのですが、前述のように客付けも弱いという欠点がありました。そうした不満をずっと抱いていたのですが、あるときに決定打がありました。
　それは、お客さんの退去立ち会いをした部屋を直後に見る機会があったときでした。それまでは、向こうからの報告通りに家主負担はこれこれですという見積りをもらって、「高いな」と思っても、そのまま受けていました。
　ところがそのときに部屋を見るチャンスがあって、びっくりしたのは、残置物の山なんです。

「これは入居者の方の荷物ですよね。なぜ、これで退去立会い完了で、家主の負担で全部片付けなくてはいけないんですか？」

と言ったのですが、通常、こんなものです、という話でした。どうやら、退去者にいい顔をして、管理会社としては別の物件を紹介するチャンスにしようということだろうと分かりました。

というのも、大家さんというのは基本的に管理会社任せで現地に来ないし、部屋も厳密にチェックしない。だから費用は大家に負わせて、退去者の肩を持つほうが利益になるという考え方ですね。

この考え方の根底には、大家さんはお金持ち、という昔ながらの考え方があるわけです。お金持ちだからこれくらい上乗せしてもいいだろう、と。

現実にそういうことをそのときに言われたので、カチンと来て、
「いやそういう問題ではない。私は事業としてこの仕事に真剣に取り組んでいるし、借金だってたくさん抱えている。ここは、きちんと公平にやってもらいたい」

と話しました。このときに彼らの考え方に失望したのは確かです。

このことに次いで、入居者の方の火災保険の更新がなされていないということが、ある事故の後で判明しました。

その事故は、入居者が洗濯機の水を溢れさせ、真下の部屋を汚してしまったというものでした。そのときに、管理会社の方から、大家さんの保険でどうにかしてくれませんかという話が来たので、
「入居者の過失なんだから、その方の保険でやってください」

と言うと、
「いや、入居者の方が保険の更新を拒んだので…」

という答えでした。

でも、この話はどうしても納得できなかったので、入居者の方に直接聞きに行きました。裏付けを取るために、ICレコーダーをポケットに忍ばせてね。

昼間はお仕事で不在なので、夜、わざわざ出かけて行ったのですが、事実を聞いてみると、火災保険の更新を拒んだことはなくて、管理会社からのお知らせや案内すらなかったことが分かりました（これは、完全に管理会社の怠慢だな）。
　と、ここで信頼関係が切れてしまいました。ようやく、管理会社を変えることに踏ん切りがつきました。
　ただ、ここで喧嘩別れをしても、物件はこの地にあるわけですし、今後長く経営していくに当たって得策ではありません。向こうの社長さんにしても、社員の前で私から不備を突かれるようなシーンを見せてしまっては、メンツに関わりますので、ここは気を使いました。社長室で2人だけで話し合い、うまく話をまとめました。
　管理会社はお願いするときはとても簡単ですが、変更するときは大変です。物件のある場所で10年、20年と商売をしていかなくてはならないわけですから、安易に決めてしまってはいけないと思います。

空室は当たり前のイベントである

　物件が、私のように住居地近くではなく遠方にある場合には、土地勘も何もありませんから、どんな管理会社が良いのか、分からないのが普通です。大変良い会社に恵まれるかもしれないし、その逆もあるでしょう。
　ですから、私は1つの会社に決めたらずっと変えないというのではなく、ある程度様子を見ながら、試用期間を設けているつもりになって、お付き合いすることが大事だと考えています。
　管理会社との関係でもう1つ言えるのは、注意深く相手を見ているのは大家さんだけではなく、管理会社のほうも大家さんを見ているということです。この大家さんはクレーマーではあるまいかとかね。

この相互の関係を冷静に考えて、長いお付き合いをしたいならば、大家さん側の対応もよく考えるべきでしょう。実際に管理会社との関係がうまくいかなくなった背景には、要求が過大だとかといった、大家さん自身に原因がある場合が多いのです。
　何かあったら管理会社を変えればいいという人もいますが、大家さんに非がある場合には、その人が対応を反省して修正しない限り、どんな管理会社さんにお願いしても答えは同じになります。安易に管理会社を変える前に、ご自身の大家としての能力やコミュニケーション能力などを見極める必要があると思います。
　それがいわば「大家力」というべき能力だと思いますが、関係作りが上手な人はやはり上手です。
　特に担当者との関係をうまく作っています。
　会話の中で担当者が結婚したり、お子さんが生まれたことが分かったらお祝いを包むという、ちょっとした気遣いは大切です。
　そうした気遣いが、管理会社と結局は良好な関係を築きます。
　管理会社との良好な関係は、「物件」という商品そのものの力を、大きく上昇させることにつながります。なぜなら管理会社は、直接お客さんとつながっているからです。彼らを通じてしか、物件は商品としての価値をアピールできません。だから、重要なのだと言えるのです。

　不動産投資では、皆さんよく「空室リスク」ということをおっしゃいます。
　私は初めに申し上げたように、会社の事業の1つとして不動産投資を始めたわけですが、誰であろうと物件を持つことは、「アパート」という会社の社長であると考えています。社長としてすべてを判断し、どう采配を振るうかによって入居率も大いに変わってくるはずです。
　空室リスクを、居住用不動産の事業としてこれを考えていくと、

入居したお客さんは、いつか出ていくということですから、私は事業主として、ある意味、当たり前のイベントとしてとらえています。
　つまり、入退去を淡々と事業という側面でとらえて、その都度、確実にお部屋を埋めていくという態度が正しいのではないか。それが大家としての心構えであって、いちいち恐れたり、連絡してきた管理会社の担当者さんを怒鳴りつけたりというのはマイナスでしかない。
　一般に空室を必要以上に怖がっている感じがあるのですが、空いたら埋めればいいだけの話です。そのときに大切なのは物件の商品力であり、その商品力を確かなものにするのは、日頃の管理会社さんとのお付き合い、コミュニケーションであるということです。
　だから管理会社との関係が重要だと言えるのです。

Chapter 4 ベテラン投資家からのメッセージ

投資価値を上げる
リノベーションのススメ

生形大さん

リノベーションでバリューアップ

　私は現在、出身地の富山県をはじめ、札幌、金沢、甲府、千葉などに10棟のアパート、マンションを所有、運営しています。

　私の不動産投資の基本的なスタンスは、言葉は悪いですけど、ボロ物件、つまり建築年数の経った築古で空室の目立つ物件を安く仕入れて、リノベーションして高い家賃で貸し出すというものです。

　通常、古い物件を貸す場合や、長期間入居してくれた部屋で退去が出た部屋を貸し出す場合には、床や壁、建具が傷んでいたり、水回りがひどく汚れている状況なので、清掃をした程度ではきれいになりません。

　そこで、原状回復として傷んでいる箇所を部分的に交換するいわゆるリフォームを行うのですが、特に築古物件の場合は一部を新品に交換すると、逆に古い箇所が目立ってしまい、効果的なリフォームを行うことができず、結果的に現状維持または家賃を下げて募集せざるを得ません。

　このような築古物件の場合には、中途半端なリフォームで原状回復をするよりは、根本的に間取りなども変更して新たな価値を生み出す「リノベーション」が有効です。

　リフォームとリノベーションの違いですが、リフォームは英語で

表現すると「reform＝再び形成する」と言う通り、基本的に壊れたり、汚れたり、老朽化したものを部分的に新しいものに交換して、マイナスの状態だったものをゼロ、つまり新築に近い状態に戻す行為です。

それに対してリノベーションは、「renovation＝革新、刷新」を意味し、マイナス状態だったものをプラス、つまり機能面やデザイン面を新築プラスアルファの価値あるものに改良する行為です。具体的には内装をよりデザイン性の高い物に改良したり、時代や生活スタイル、住環境に合わせて、間取りや内外装をより生活しやすいものに交換します。

例えば、昔ながらのダイニングキッチンと和室が2部屋の2DKの間取りは畳と襖、ときには壁も取っ払って1LDKにしてしまいます。こうすることで、入居者のターゲットも広がり、広めの部屋を探している1人暮らし世帯、若いカップルや、子育てが終了した2人暮らし世帯、また、小さな子どもが1人や2人程度であればファミリー世帯でも住むことができます。

私が所有している築35年の4階建てRCの物件は、まさにその昔ながらの2DKの間取りでした。前オーナーはこの部屋を3万円で賃貸していましたが、私が1LDKにリノベーションして貸し出すと5万円まで家賃を値上げして貸し出すことができました。

これが、私がボロ物件を選好する理由です。もうこれ以上家賃が下がることがないほど下がりきっていて、それまでのオーナーが空室をそのままで放置した結果、空室が増えてしまった物件は、オーナーも弱気になっているため、価格交渉がしやすく、格安で取得できる可能性があります。

その物件にリノベーションを施し、照明などの設備をほんの少し工夫しただけで家賃を上げることができたり、入居率を上げたりすることができます。逆にリノベーションがされてしまって売り出さ

れた物件は、私が手を加える必要もなく、バリューアップすることができません。当然、物件価格もその分高いので、たとえ満室で稼働していてもまったく魅力に感じません（笑）。

しかし、まったくの初心者にとってリノベーションはハードルが高いのも事実です。私も初めはそうでしたが、どの箇所にどれくらいコストをかけて、どう改良していけばよいかまったく見当がつきませんでした。また、初めての場合は見積りの金額が妥当かどうかも分かりませんし、そのリノベーションによってどれくらい家賃の上昇を見込めるかも分かりません。

ですから、どのような点に気をつけて、リノベーションを行っていけばよいかを語っていきたいと思います。

出口戦略にも有効

リフォームをするかリノベーションをするかの判断基準ですが、物件のもともとの仕様や痛み具合にもよりますが、通常は築20年以内であれば、リフォームにとどめるべきだと思います。

というのも、築20年程度であれば、水回りや設備も、まだ十分に使える状態である場合が多く、家賃も底まで下落していない可能性が高いので、お金をかけてリノベーションをしても、あまり家賃の上昇は見込めません。リノベーションを投資ととらえたときに、十分なリターンを得られない可能性が高いのです。

一方で、築30年以上経過していて、それまでにほとんどリフォームもされていなかったような物件は、広さに対しての家賃単価が安く設定されていることが多く、リノベーションにより家賃の上昇が見込めます。

また、リノベーションのメリットはほかにもあります。空室期間の短期化です。いくら家賃が安いと言っても、築30年以上経過し

た物件は水回りの汚れや痛みがひどく、特に毎日家事を行う女性には大変不人気です。一般的に賃貸住宅を決めるときに決定権を握っているのは女性の場合が多く、その観点から言っても、築古物件を原状回復程度に中途半端にきれいにしただけでは決め手に欠けます。

　一方で、リノベーションを施した部屋の内装は新品に近い状態にも関わらず、家賃は新築ほどしないため競争力が増します。
　実際に私の所有する物件でも、築35年にも関わらず、リノベーションを施した部屋は今の入居者が退去する前に、写真だけで次の入居者が決まる状態です。しかも、一度リノベーションを施すと少なくとも10年間は大規模なリフォームは必要なく、簡単なリフォームで部屋の魅力を保つことができます。

　リノベーションをする際の投資金額の目安ですが、リノベーションを投資と考えたときの利回りを物件の利回りと比較します。
　例えば、先ほどから例に挙げている築35年のケースではリノベーションにより3万円だった家賃が5万円に上がりました。年間にすると2万円×12ヵ月で24万円の収益アップです。このリノベーション費用が90万円かかりましたので、結果的にこのリノベーションへの投資に対する利回りは26％となりました。
　私がこの物件を取得した際の利回りが21％でしたので、このリノベーションを施して物件自体の利回りも向上したことになります。
　また、もう少し簡単な指標で言うと、リノベーション後の想定家賃の18カ月分以内にすることです。それ以上かけてしまうと投資資金の回収に時間がかかりすぎてしまうからです。

　リノベーションは出口戦略、つまり売却時にもとても有効です。今回の私のケースの場合、リノベーションにより物件自体の賃料収入が向上していますので、その分高い金額で売却できる可能性があ

ります。また、買主にとってもリノベーションをしてある物件は、今後の出費が少ないため魅力的に映るはずです。

施主支給という仕組みの活用

　リフォームやリノベーションには、多くの職人さんが関係します。職人さんたちのチームを作ったり、管理したりという面倒なことは、管理会社さんに頼んでしまったほうが楽には違いありません。

　ただし、1つ条件があります。それは、その管理会社さんの見積る工事代金が適正で、かつ需要にマッチした工事、人気のあるリフォーム、リノベーションをしてくれることです。

　つまり価格が安くて、いい工事をしてくれるならば、管理会社さんに頼むのがベストです。

　ところが、一般に価格の点で問題が出てきます。基本的に、管理会社さんも営利を追求する企業なので、実際に工事をする外注先からの見積り額に何％かの利益を乗せて請求してくる場合が多いからです。

　それでも、良心的な価格を出してくる会社もあるので、任せている場合もあるのですが、ここを収益源の1つとしている管理会社も多いので、ちょっと割高だなという会社が多いのは事実です。

　ちなみに、冒頭の築35年の物件を、管理会社にリフォームの見積りをお願いしたら、1戸当たり総額300万円でした。お風呂もキッチンも床もすべて新品に交換で、壁も壊して間取りも完全に変更するという工事内容です。

　もちろん、これでは投資として割に合わないのでお断りしましたが、最終的にはほぼ同じ内容の工事を約3分の1の価格で行うことができました。幸い、この管理会社は管理部門と客付け部門が完全に分かれているので、リフォームをお願いしなかったと言って客付

けに影響することもありませんでした。

　リフォーム業者の選定は、インターネットとタウンページで行いました。最終的に5社くらいに見積りを取ってもらいましたが、私が重視したポイントは価格、実績、施主支給が可能かどうかという点です。

　価格はリノベーションを行ううえで最も重要な要素ですが、安くても質の悪い工事をされては意味がありません。そこで、過去にどのようなリノベーション工事をしたか写真で見せてもらいました。というのも見積りは紙でしか来ないので、完成時のイメージが掴みにくいからです。

　施主支給というのは、施主である私が材料を選んで調達し、工事に使ってもらう仕組みです。通常リフォーム業者は材料にも利益を乗せているので、施主支給を嫌がります。

　しかし、個人レベルで経営している業者は中間コストが少なく、施主支給をしても十分に利益を得ることができるため、施主支給を受け入れてくれることがあります。このリノベーション工事では床材、キッチン台・シンク及び洗面化粧台、TVドアホン、エアコン、温水洗浄便座、照明などをインターネットで最安値で調達して設置してもらいました。

　また、そのときは6戸同時に行ったのですが、壁のクロスや床材も部屋ごとに変えて、どのクロスや床材の部屋が人気があるかを見極めて、次回のリノベーションに役立てました。

　うまく入居希望者の好みの空間を作ることができれば、管理会社さんが提案した賃料の2割くらい高めでも申込みがあったりしますから、こうした施主支給で需要を調べながらマーケティングすることは重要だと思います。

　インターネットやショールームに行って、いろいろと選ぶのですが、原価で調達でき、職人さんには工賃のみ払えばいいわけですか

ら割安になります。

ただし、ここでもう1つ考えなくてはいけないことがあります。管理会社が客付けも行っている場合です。大手の管理会社ですと、客付けも同じ会社で行いますが、縦割り組織になっていて、管理と客付けの担当がつながっていません。

つまり、リフォームの担当と客付けの担当は、全然別です。だから、同じ会社であっても、自社でリフォームをしたかどうかなどは、まったく気にしていません。

しかし、大手でなければ、管理も客付けも同じ担当がやっていたり、自社でリフォームやリノベーションをしたということを知っていますから、早く決めていかなくてはいけないな、ということで、力を入れて客付けをしてくれる可能性があるのです。

小さい会社は結構そういうところがあります。そういう会社ならば、彼らにお願いして利益を取らせてあげて、その代わり早く客を決めてくださいね、ということができます。

その場合でも、どんな色のクロスにするとか、材料の型番などは指定しますから、任せて工事をしてもらっても、イメージ通りのものが出来上がります。良い工事ができて、客も早く決まれば、言うことはありません。工事にかかる費用は、日本政策金融公庫に融資してもらうことが多いです。普通の銀行のリフォームローンなどは、金利が高めですが、日本政策金融公庫であれば固定金利2％台でリノベーションの費用も融資してもらえます。

絶えざる勉強と工夫が大切

リフォームにしてもリノベーションにしても、成功するためには勉強が欠かせません。まして、施主支給で、工事のバリューをリードするためには、さまざまな知識を得ておかなくてはなりません。

ただ、私はもともと建築やデザインに関心があるので、勉強もまったく苦にはなりません。住宅雑誌などを読んだり、マンションのモデルルームに行って、最近のトレンドを確認しています。

10年前でしたら、ダークな茶系の部屋が流行っていたと思いますが、ここ数年は明るめの白っぽい部屋が人気です。

そういうトレンドなども、いつも気にかけていなくてはなりません。ほかにも地域によって多少、好みが異なります。管理会社さんや客付け会社さんなどの意見を聞いて、活かすようにしています。

インターネットの空室の募集ページなどを見ても、「自分なら、こうするのにな」と、考えたりします。

例えば、ファミリー向けのRCマンションなどで、コンセントがあるにも関わらずウォシュレットがついていない部屋がありますが、インターネットで1万数千円で買える時代です。それを付けるだけで、競争力がまったく違ってきます。

ほかにもテレビドアフォンなども、自分で買って取り付けたことがあります。インターネットで買うと1万円以下です。プロパンガス業者さんにお願いすればただで設置してくれることもあります。

これだけのことをするだけで、設備が良くなって家賃が上がる場合もあり、空室期間も短くなります。これらは入居が1カ月早まるだけで回収できてしまう投資です。

また、通常入居者は壁に穴を開けてはいけないと考えているため、壁に大きな鏡などは付けられません。しかし、私はインターネットで大きな姿見を数千円で買って、玄関の壁に穴を開けて、あらかじめ付けて募集しました。これだけでも、玄関のイメージがまったく違ってきます。

まったくわずかなコストなので、いろいろなことを試してみることをお勧めします。

差別化できれば家賃も上がる

　リフォームやリノベーションのメリットは、それによってほかの物件と差別化ができることです。

　インターネットで部屋を探すとき、検索条件にチェック項目があります。

　最近では賃貸住宅を探すポータルサイトにリフォーム・リノベーションのチェック項目もあり、リノベーション済みの物件は注目を集めていますし、ほかにもウォシュレットやテレビドアフォンがありかどうかなどのチェックなどもあります。インターネットの段階で、目に着く項目を充実させて、差別化につなげるということです。それによって内見が増え、選ばれる可能性が格段に大きくなります。

　また、私の所有築古マンションのケースですが、玄関の照明スイッチが玄関にはなく、なぜか玄関の隣にあるキッチンにありました。これだと帰宅時にすぐに照明が付けられないためとても不便です。

　そこで、玄関にセンサー付きの照明を付けてあげました。それ自体は安いものですが、まったく利便性が違ってきます。もちろん内見の際は電気を通してセンサー照明をアピールします。

　同じく照明で、築古の物件というのは、壁にスイッチさえ付いていない場合もあります。このような場合は、リモコン付きのシーリングライトに変更して利便性を高めます。生活の利便性が上がれば入居者の満足度も上がるので長く住んでくれる可能性が高まります。

　また、壁にスイッチが付いている場合はIKEAに安価でオシャレなLED照明が売っているので、あらかじめそれを付けたり、IKEAの電気スタンドを設置したりしてインテリア性を高めます。

　水回りでも、ダイノックシートという、貼るだけで高級感のある木目素材があります。特に流し台やレンジ台はすべて交換すると10万円くらいかかってしまいますが、このシートを貼ると2～3

万円で新品のようになります。その際に戸棚や引き出しの取っ手なども IKEA で安くてオシャレなものが売っていますのでそれを買ってきて付けてもらうようにしています。

　玄関の鍵にも、利便性のいいものがあります。
　普通は入居者が変わるたびに、入居者の負担でキーシリンダーの交換などをしますが、その出費がないと入居者もうれしいはずです。そこで、ナンバーロックキーに替えてあげて、入居するときにリセットして好きな番号にしてもらいます。入居者は鍵を持ち歩かなくてよいので利便性が向上します。
　最近は、スマートロックと言ってスマートフォンを持ってドアに近づくだけで、登録してある鍵が開くものも登場しました。若者はスマートフォンや新しいものが好きなので若者向けの物件にはお勧めです。
　ほかにも光回線のインターネットを無料にしてみたり、賃貸マンションではまだまだ珍しい宅配ボックスの設置もしてみました。これらはもちろん初期投資が必要になりますが、結果的に家賃を値上げしても、差別化により常に満室の人気物件になっています。

リノベーションしたのになかなか入居が決まらない

　ここまで、いかにも私が順風満帆にリノベーションを成功したかのように語らせてもらいましたが、実は築 35 年のリノベーション物件はリノベーションをしたにも関わらず、なかなか入居者が決まらずに苦労しました。初めは原因が分からず、部屋をこんなにきれいにオシャレにリノベーションしたのにもどかしい思いでした。
　おしゃれな内装の写真を見て、内見の申し込みは入るもののなかなか入居申込まで至りません。そこで、内見者に、どこが気に入らなかったかアンケートをしてもらいました。そして、ようやく原因

が明らかになりました。

　アンケートには「部屋は新しいがところどころ、古っぽさが残っている。特にお風呂が古くさい」と、ほとんどの内見者が同様の回答でした。

　そうです。今回は予算の都合上、浴室はほとんど手付かずの状態だったのです。この物件の浴槽はいかにも昭和という言葉がピッタリな昔ながらの水色の浴槽でところどころ表面がひび割れもしていました。

　また、浴室の壁もごつごつした壁に白いペンキを塗ってあるのですが、隅のほうはかびて黒ずんでいました。当然リノベーションの際に浴槽の交換も検討したのですが、古いため浴室のサイズが小さく、サイズの合うユニットバスがありません。そのため浴室を交換するには特注の浴槽が必要になり、1つ当たり70万円もかかってしまうので予算に合わず見合わせていたのです。まさに痛いところを指摘されました。

　しかし、1戸当たり70万円は完全に予算オーバーです。そんなときインターネットで見つけたのが、浴槽の再生塗装とバスパネルの設置です。浴槽の再生塗装は10万円程度でできるのですが、再生後の浴槽はまるで新品のようになりました。

　壁も1面だけ黒や茶色のアクセントパネルを設置すると今どきの新築の浴室のようになりました。かかった費用は全部やっても交換する場合の半分以下でした。

　浴室以外にも見落としていたのが、電気のスイッチパネルとコンセントプレートです。部屋がきれいになったので、少し黄ばんだスイッチパネルとコンセントプレートは余計、古く目立っていました。これらの交換も1万円程度でできたので、すぐに交換しました。

　これらを追加で行った後は、次々と入居申込が入ってきました。何事も中途半端はダメなのと、現場の声に耳を傾けることの重要さを痛感しました。

PART 1

今、不動産投資を始めるべき「理由」

Chapter 1
国が頼りにならない時代

Chapter 2
不動産投資で人生を切り拓く

Chapter 3
不動産投資の7つのメリット

Chapter 1

国が頼りにならない時代

今や国も会社も頼りにならない時代です。これからの日本で生きていくには、自身で自分の生活を切り拓く知恵と行動力が必要です。そのときに大きな力となるのは不動産投資にほかなりません。

経済的な負担が重くなる未来

　難しい時代に入っています。
　国や民間のシンクタンクによれば、これからの日本は高齢者がどんどん増える一方、子どもたちの数は少なくなり、さらに働き手が激減して、国の力が弱まっていきます。
　具体的に言えば、日本の総人口は2008年をピークに減少に転じたのです。
　2010年に約1億2800万人だった総人口は、2048年には1億人を割り込み、2060年には約8600万になると推計されています（国立社会保障・人口問題研究所）。
　特に注目すべきは、高齢者と働き手の人口です。
　総人口が減っていく中で、高齢者の割合が大きくなり、2015年で約3300万人だった高齢者は、27年後の2042年に約3900万人となってピークを迎えるとのことです。
　もっとシビアな予測は、働き手（15～64歳の生産年齢人口）の減少です。2027年の7000万人を、2051年には5000万人を割り込みます。
　その結果、高齢者の扶養がきつくなり、2010年には働き手2.8人

で高齢者1人を扶養していましたが、2022年には同2人で1人を、2060年には同1.3人で1人を扶養しなくてはなりません。

将来的には、扶養する働き手の側にも、また扶養される高齢者の側にも、経済的な負担が重くのしかからざるを得ないでしょう。

借金まみれの国の財政

国の力が弱まるのは、マンパワーの減衰だけではなく、お金の領域でも危険水域に入っていることが、国の予算の実態で分かります。

日本が借金まみれであることは、だいぶ以前から話題になっていますが、1年で26兆円ずつ、借金が増えていて、赤ん坊を含めて日本人1人当たりの借金は800万円を超すと言われています。

日本の借金は、もうどうしようもないレベルまできているというのが、多くの識者の認識になっています。

こうした借金まみれの国の財政によって、大きな影響を受けるのは、年金や介護、医療などの社会保障です。

国の歳出（支出）で、最も大きいのは、社会保障費関連の予算であり、これ以上、借金を増やさないために、国がまず手を着けるのは、こうした社会保障費の削減だからです。

年金の支給開始年齢が遅れる

ある元ベテラン財務官僚によれば（『財政危機の深層』小黒一正・著／NHK出版）、今後も、年金を含めた社会保障制度を継続していくとしたら、大胆な改革が必要だと言います。

つまり、現在65歳となっている年金の支給開始年齢は75歳に、給付水準も2割減にする必要がある、とのことです。

むろん、これに伴って医療保険も一律3割負担に、介護保険は2割負担とする必要がありますが、何よりも老後の経済生活を支える

年金の支給開始が75歳になるというのは衝撃的です。

現在よりも10年、先送りになるというのですが、現役から離れたとはいえ、国家財政運営の裏を熟知しているベテラン財務官僚の言葉ですから、国がそうした青写真を描きながら、将来の財政を考えていると受け取っても大きな間違いではないでしょう。

国民の、とりわけ老後の生活を年金に頼るサラリーマンの将来が、決して安閑とできる状況でないのは、これ1つ取っても理解できます。

老後の経済生活をどうするか

今、定年は60歳以上に延びつつあり、65歳までという声も聞こえていますが、定年の延長と同時に、支給開始年齢もまた逃げ水のようにどんどん先に延びていくでしょう。

やがては75歳支給開始の時代が訪れるはずであり、そうなると年金の支給まで、場合によっては10年という長い期間を生きる必要があります。

この10年の生活をどうしたらいいのかという問題を、ほとんどのサラリーマンは突き付けられているのです。

しかも、実際に年金給付が始まっても、その水準は現在よりも2割も少なくなる恐れが多いのです。25万円支給されるはずの人は20万円、20万円支給されるはずの人は16万円となるわけです。

そのうえ、医療や介護での支出は増えていきます。

もはや、国の年金を頼って老後を迎えるわけにはいかない時代に来ている、と言ってよいでしょう。

老後の経済生活をどうしたらよいのか、ほとんどの人にとっては喫緊の課題として、その解決策に取り組まなくてはならないときなのです。

自分で自分の面倒を見る時代に

　難しい時代、と言ったとき、老後の生活資金の話を真っ先にしましたが、現役の30代、40代の皆さんの日常においても、きわめて難しい課題がいくつか目前に置かれています。

　その1つが、サラリーマンという立場の脆弱性です。国が頼りにならないと同様、会社も決して面倒見の良い存在ではないのです。

　かつて、日本が戦後の混乱から立ち直り、高度経済成長路線をまっしぐらに走っていた時代、あの日本型経営が主流だった時代には、終身雇用と年功序列によってサラリーマンは守られていました。

　一度入った会社に定年まで勤める終身雇用、年齢とともに役職も給料も上昇していく年功序列。この制度は、日本の企業を囲む環境が激変し、国際競争力のない企業は脱落していくしかない状況の中で崩壊しました。

　年功序列に代わって登場したのが成果主義であり、厳しい企業環境の中で終身雇用はなくなりました。かつての日本型経営は完全に終わったと言ってよいでしょう。

正規、非正規に関わらず厳しい時代に

　今ではさらに企業のコスト意識は高まり、日本型経営時代には考えられないような、非正規社員の大量採用など人件費の削減が行われています。

　正社員であっても、残業ゼロ制度が議論されたり、いつリストラに遭うか分からない状況になっています。

　労働環境は年ごとに厳しくなっているわけで、サラリーマンは自分の力で自分を守ることを、痛切に考えなくてはならない時代に入っていると言えましょう。

　また、かつては企業の寿命は30年と言われていましたが、民間

調査機関の調査では現在では23年余りと短くなっています。

たとえ会社は景気が良くても、人間は生身ですから、いつ病気になったり、体の不調で仕事が続けられないといった状態になるとも限りません。

仕事をやめなくてはならない状況として、最近注目されていることとして、介護休職などもあります。

毎月、確かに手にできる収入を

老後の生活だけでなく、バリバリと活躍している現役のサラリーマンでも、難しい課題をたくさん抱えており、いざというときに支えになる状況を作っておかなくてはなりません。

このとき、大金を蓄えてあるから大丈夫なのかどうか、これも考えておかなくてはならないことです。

例えば1億円の貯金があるなら、この世を無事に過ごしていくことができるかと言えば、決してそうではありません。大金を抱えていても、そのストックは、どんどん減っていくお金です。

また、いったんインフレにでもなれば、現金の価値は目に見えてなくなっていきます。

こうしたことも考えると、どうしても、**ストックではなく、絶え間なくお金を生み続けてくれるシステムを、つまり継続的に、確実に得られる（年金や給料以外の）収入を確保しておかなくては**、ということになります。

それも、長期にわたって、収入が確保できなくてはなりません。

給与や年金を補完する程度の金額であっても、一時的な収入ではなく、できれば毎月、確かに手にできる収入が望ましいわけです。

Chapter 2

不動産投資で人生を切り拓く

私たちの周りには、いくつかの投資対象があります。株式投資、FX、REIT（リート）など、それらと不動産投資の違いは何か。さらには金融機関が融資をする投資は何かも確認しておきましょう。

キャピタルゲインとインカムゲイン

　このような収入を、いかに獲得できるのか。
　不動産投資が最もふさわしいというのが本書の結論なのですが、なぜなのかという「理由」について考えていきましょう。
　私たちの周りには、いくつかの投資対象があります。それらの対象に投資をして、獲得しようとする利益には2種類あります。
　1つは投資対象の売買によって得られる売却益（キャピタルゲイン）で、もう1つは、その運用によって得られる運用益（インカムゲイン）です。
　不動産投資で言えば、安い価格で購入した店舗、ビル、住宅、アパート、マンション、土地などの不動産を、それよりも高い価格で売って利益を得る方法が前者。一方で、店舗やビル、アパートやマンション、あるいは一戸建ての住宅を賃貸物件として保有し、それを貸し付けて定期的に賃料収入を得る方法が後者です。
　どちらの投資が良くて、どちらが良くないということはありませんし、キャピタルゲインとインカムゲインは、それぞれ無関係であるということでもありません。
　つまり、一定期間、貸し付けて定期的に賃料を得る（インカムゲ

イン）だけでなく、場合によっては売却して利益を得る（キャピタルゲイン）ことも可能であるというように、両者がつながっている場合もあります。

不動産投資におけるキャピタルゲインとインカムゲイン

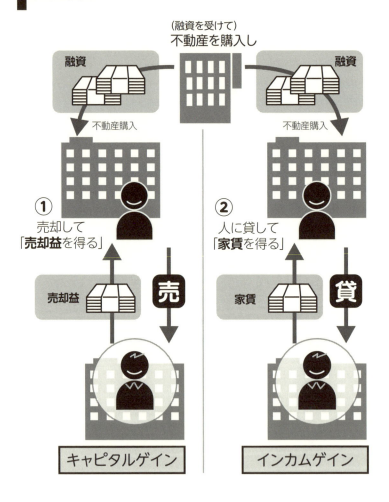

長期安定したインカムゲインを中心に

ただし、キャピタルゲイン目的の投資と、インカムゲイン目的の投資とは、そもそも投資の考え方が根本的に異なります。

キャピタルゲインを得たい投資であった場合は、いずれにしても「売却ありき」です。売却によって、利益を確定することが最終目的です。

株式のデイトレーダーのように、1日に何回も売買を繰り返して、可能な限りの利益を得ようとするのがキャピタルゲイン目的の投資です。売る（手放す）ことが前提である以上、その投資対象への愛着は希薄だと言っていいかもしれません。

一方、**インカムゲインを得たい場合には、保有し、投資対象の利用価値を高めることが第一目的となります。**

その場合、常に保有物件の質の向上を目指し、市場の人気を持続させて、できるだけ長い間、できるだけ高い賃料を得ることが目的となります。

それだけに、投資対象への愛着は濃いと言ってよいでしょう。

この2つの利益の考え方は、1980年代のあのバブル経済を境にして、重心が移動しました。バブル時代までは、ほとんどキャピタルゲイン狙いの不動産投資でした。

しかしそれによって、膨大な不良債権を生み、日本経済に大きな悪影響をもたらしたことはご存知の通りです。

バブル後の不動産投資では、キャピタルゲインを目的とした投資よりは、長期間、安定して確実に月々の収入となるインカムゲイン目的の投資が主流となっています。

思惑や環境に左右される株式投資

　投資と聞いて、一般にすぐにイメージするのは「株式投資」という人が多いようです。
　資本主義の国・日本では、株式投資は重要な位置にありますが、不動産投資と、本質的にどこが異なるのでしょうか。
　前項でも触れましたが、株式投資では、多くの人が安く買って、高く売るというキャピタルゲイン狙いの投資です。
　むろん資産家に多い、株式配当（インカムゲイン）を目的とした人もいますが、これは少数派と言ってよいでしょう。
　株式投資の一番の問題点は、投資家の思惑や投資環境に左右されて株価が上下することが多いという点にあります。合理的な理由なしに株価が動くことが、決して少なくないということです。
　ここで利益を出すには、金利や景気の動き、国際情勢は言うに及ばず、企業の動向に常に注視して売買をしていく必要があります。
　ですから、売買に習熟するためには、やはり長年、経験を重ねていくしかありません。初心者がすぐに結果を出せるほど、甘い世界ではなさそうです。
　まして不動産投資のように、継続的に、長期間、安定して利益を生み出すことができる投資でないのは明らかです。
　近年、人気のFXも、外国為替を安い時点で買い、高くなったら売る取引で、キャピタルゲイン目的ですが、株式よりもさらに不安定で、投機と言ってよいようなものでしょう。

銀行が融資する投資は何か

　不動産運用の1つの方法として開発されたものに、J-REITがあります。一般の投資家から資金を集めて不動産を運用し、賃料収益や売却益を投資家に分配する仕組みです。

現在では株式と同じく証券取引所に上場され、証券会社を通じて売買される金融商品となっています。

プロが運用するために安心感はありますが、その運用効率はあまり良くありません。

利回り商品という面では魅力がなく、まして老後の生活資金として考えるにはふさわしくないと言えるでしょう。

これに対して、**不動産投資は J-REIT に比べて比較的高い利回りを望むことができ、土地や建物それ自体に価値がある実物資産ですから、不動産の購入には金融機関が融資をしてくれます。**

金融商品と不動産投資の一番の違いは、この投資に際して金融機関がお金を貸してくれるかどうかにあります。

不動産投資では、場合によれば、投資の全額を融資してもらうことも不可能ではありません。

これに対して、例えば株を買うからと言っても、銀行は決してお金を貸してはくれません。FX も J-REIT も同様です。

将来の生活資金のためにどのような投資をするかは、もとよりそれぞれの自由です。

しかし、将来の不安の解消ということから考えると、何度も言うように「長期間、確実に、毎月」お金が入ってくる投資でなくてはならず、収益を絶え間なく生み出す不動産投資が最もふさわしいと言えます。

Chapter 3
不動産投資の7つのメリット

不動産投資には「レバレッジ効果を活かせる」「節税対策や相続対策にもなる」「生命保険や年金代わりになる」など、主に7つのメリットがあります。それぞれを見ていきましょう。

不動産投資はなぜ良いのか

ここで、不動産投資のメリットを整理しておきましょう。

- レバレッジ効果で小額の自己資金から始められる
- ローンの支払いは家賃収入で賄える
- 高利回りが期待できる
- 相続対策になる
- 安定した私設年金が得られる
- 生命保険代わりになる
- 必要経費が認められる

不動産投資には主に上記7つのメリットがあります。
順を追って見ていきましょう。

レバレッジ効果で少額の自己資金から始められる

まず、前項でも触れたように、金融機関からの融資が期待できることです。これによって少ない自己資金でも、多額の投資が可能に

なります。

　例えば、自己資金が500万円であっても、購入物件を担保とすることで、その10倍の5000万円の物件を買うことができるのです。

　いわばテコの原理で、購入物件がテコの重心になるのです。これが「レバレッジ効果」です。

　株式投資やFX、商品先物などでもレバレッジを効かせた取引が可能ですが、リスクがそれだけ大きくなります。読みが当たれば利益も大きいのですが、損失額も巨額になります。

　不動産投資にも高レバレッジのリスクもありますが、実物資産の不動産投資の場合には、金融商品よりは価格変動が激しくありませんし、立地を厳選することでリスクを減らすことができます。

　場合によっては、物件を売って借金を清算する方法も取れます。

　これが実物資産、不動産投資の強みです。

**　普通5000万円もの高額物件を購入するには、何十年とコツコツ貯金してようやく可能になるかどうかというものですが、レバレッジを効かせば、それが直ちに現実のものになるということです。**

　30年もかけて貯蓄し、ようやく5000万円の不動産を得るのか、それとも、銀行から期間30年で自己資金の10倍の融資を受けて、今すぐ買うのか、の差です。

　しかも、今買った不動産は毎月家賃という収入を生みますから、その家賃で銀行への支払いを行うことができるのです。

　30年後には、銀行への返済は完済し、丸ごとその不動産は自分のものとなっているのですから、レバレッジ効果を活かせば、買うのは「今でしょ！」となるのは明らかです。

　さらに、都合がよいことに、現在は稀に見る低金利時代です。

　その経済環境から考えても、融資を銀行から受けてレバレッジを効かし、事業を展開するほうが、資産作りに有利なのです。

ローンの支払いは家賃収入で賄える

　銀行から融資を受けて投資物件を取得すると、当然ながら、銀行からの借入金に対して返済義務が生じます。

　レバレッジを効かせて目いっぱいの融資を受けますと、返済金も多額になります。

　しかし、前の項目でも触れましたが、銀行からの借入金の返済は、投資物件の家賃で賄うことができます。

　これが自分の居住用に家を買う場合と、収益を目的とした不動産を買う場合の大きな差です。自分の住む家を買った場合には、自分の給料からしか返済の原資はありません。

　個人の住宅を取得した場合に給料から支払うのと異なり、投資物件が生み出す毎月の家賃収入から返済していきますから、家賃収入がローンの返済額を上回っている限り、月々のローン返済の心配をする必要はないのです。

　ですから、不動産投資を成功させている投資家の中には、自分の居住用の家は持たず、借家で暮らしながら、投資用の不動産を何棟も持っている人が多く存在します。

　自分の家は、投資が成功した暁に獲得すればよいという割り切りですが、人生で富を蓄積するための1つの方法と言えましょう。

高利回りが期待できる

　不動産投資は、利回りという決定的な面で、ほかの投資を圧倒しています。株式やJ-REITなどと比較して不動産投資は、相対的に高い利回りを期待できる投資と言われています。

　この高利回りは、しかも、ロングリターンという特徴を持っています。何年、何十年という長期にわたって、家賃収入が入ってくるのです。

しかも、継続的な安定した家賃収入ばかりではありません。

物件の管理を十分に行い、入居率の高い状態を保っておくことにより、不動産市況が活況を見せ不動産の価格が上昇しているような局面では、売却によるキャピタルゲインを狙うこともありでしょう。

このように、持ち続けてインカムゲインを得続けてもいいし、場合によれば売却してキャピタルゲインを得てもいいというのが、不動産投資の良さと言えます。

相続対策になる

相続税の課税対象となる人が2015年から増えており、大きな関心を呼んでいます。これまで財産のうち「5000万円＋法定相続人の数×1000万円」までの金額は控除されていましたが、今後は「3000万円＋法定相続人の数×600万円」までとなりました。

この相続の際に、不動産投資をしていれば有利になります。

現金や時価で評価される株式と異なり、投資用不動産は低い評価額で計算されるからです。

具体的に見てみましょう。

現金や預貯金が相続財産となる場合は、額面通りの評価を受けることになります。ところが、不動産の場合は、課税のベースとなる評価額がぐっと下がります。まず、土地に関しては、「路線価」（相続税評価額）で評価されることから、評価額は公示地価（時価）の約8割に、建物に関しては、「固定資産税評価額」で評価されることから、評価額は時価の約5〜7割になるのです。現金や預貯金を、不動産に変えるだけで評価額が下がり、結果的に納税額も少なくできるという理屈です。

また、賃貸住宅として活用すれば、土地の利用区分が自用地から「貸家建付地」に、建物の利用区分が自用家屋から「貸家」に変わるとともに、借地権、借家権が発生します。それら借地権、借家権

の割合（借地権割合、借家権割合と言います）分が評価額から差し引かれることになるため、さらに評価額を圧縮することができます。ちなみに借地権割合は地域によって異なりますが、借家権割合は全国一律で30%です。また、路線価や公示地価などの用語に関しては、PART4で詳しく紹介します。

■資産の種類で変わる相続税評価額

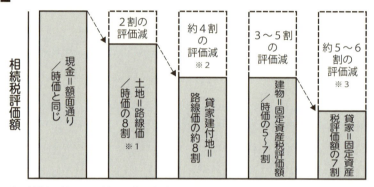

※1．土地は、時価＝公示地価で、自用地評価
※2．貸家建付地＝自用地評価格×$\left(1-\underline{\text{借地権割合}}_{60〜70\%程度}×\underline{\text{借家権割合}}_{30\%}\right)$
※3．貸家＝家屋の固定資産税評価格×（1－借家権割合）
注）上記の貸家建付地と貸家は貸家割合100%とする
（出典：「不動産投資の節税・常識 vs 非常識」）http://allabout.co.jp/gm/gc/431967/

安定した私設年金が得られる

　本章の冒頭で見たように、わが国の年金制度はとても危ういところに来ています。

　年金をめぐる一番のリスクは、年金をもらう高齢者が増えていき、それを支える働き手がどんどん減っていくということです。つまり、世代間扶助の年金システムが崩壊しようとしているのです。

　この年金問題に対して、楽観的な人は少ないでしょうが、では、どう対処したらよいのか、考え込むところです。

多くの人は、生活資金を貯金しておく、定年退職後も妻ともども働く、などの対処法を考えていることでしょうが、最も賢いのは、国の年金ばかりに頼るのではなく、自分の年金を作って収入を確保し、国の年金を補うことでしょう。

　その私設年金となり得るのが、不動産投資なのです。

　投資物件を持てば、安定して、毎月、一定の収入を得ることができます。これが不動産投資の最も大きなメリットでしょう。

　例えば、月40万円の私設年金がほしいとき、不動産投資なら、実質利回り10％として4800万円の物件を持てば可能となります。

　不動産投資ならば、4800万円の物件を所有することは、決して乗り越えられないほどの高いハードルではありません。

　ローンがあっても、私設年金となり得ます。銀行から借金している場合でも、賃料収入全体から返済金額（元利合計）を引いた額が粗利となって手元に残るからです。

　冒頭で説明したような、定年から年金支給までの空白期間をこの賃料収入で賄うことができますし、年金受給の老後も、その年金を補い、いざという際の資金にできるのです。

生命保険代わりになる

　不動産投資で金融機関から融資を受けた場合に、団体信用生命保険（団信）に加入することができます。

　これはローンを組んだ人に、万一の事態があって死亡したとき、保険会社が借入金の残りに相当するお金を保険金として支払い、返済を完了させるというものです。

　その際、土地、建物はそのまま遺産として、無借金の状態で遺族に残されます。

　金融機関や各保険商品によって、条件や保険内容は多岐にわたっており、例えば高度障害を持った場合に適用されるものもあります。

ただし、死亡したり高度障害を負ったりしたわけでもない場合には、保険金はおりません。こうした場合に、一般の住宅ローンの場合では、少し困ったことになりがちです。

一命を取り留めたとしても、長期的に仕事を休むしかない状態になり、収入が激減します。かつローンの返済は待ったなしです（3大疾病保障付団信の場合はローンは返済されます）。

不動産投資が有利なのは、もし重大な病気にかかって休業せざるを得ない事態に陥っても、投資物件が黙って賃料を稼いでくれるという点です。

月々の家賃収入がそのまま継続しますから、家族ともども安定した生活を続けることができます。あるいは状況によっては、不動産を売却してまとまったお金を得ることもできます。

本人も家族も安心して病気と闘うことができます。

ですから、例えば投資用マンションを購入し、家賃を得ながら、自分もそのマンションの1室に住むというような賢い方法を取ることができます。

また、団信は金融機関ごとに、ローンの利用者を団体として申し込みますので、掛け金は割安になります。掛け金を金融機関が負担するケースもあります。

ちなみに、PART 6で紹介するように、個人投資家が利用する融資の一形態である「アパートローン」では、団信への加入が必須となる場合が多いのに対し、通常の事業性ローンである「プロパーローン」では、任意での加入が一般的です。

必要経費が認められる

サラリーマンの皆さんが不動産投資をした場合、給料と家賃収入を合わせて、確定申告することになります。また、プライベートカンパニーを設立することもあるでしょう。

この際、サラリーマンとして会社で源泉徴収されるだけだったころと違い、**金利や交通費、食事代などを必要経費として申告することができます。**

　不動産投資において一般的に認められる必要経費を表にまとめましたので確認してみましょう。これによって課税の対象となる所得が少なくなり、その分、所得税や住民税が少なくなります。

認められる必要経費

❶租税公課	固定資産税・都市計画税・登録免許税・不動産取得税・事業税・自動車税・印紙税等	
❷損害保険料	火災保険・地震保険・賃貸住宅補償保険	
❸管理費	賃貸物件の管理をする管理会社へ支払う管理費・修繕積立金及び入居者募集、管理をする賃貸管理会社へ支払う管理費	
❹ローン返済額の金利部分	物件取得に当たり金融機関から受けた融資額の利息分	
❺減価償却費	時間の経過や使用による価値の減少分	
❻修繕費	所有賃貸物件の維持管理費用及び破損した箇所の原状回復するための費用	
❼接待交際費	所有賃貸物件運営に関わる管理業者・税理士・交流のための飲食費等	
❽交通費	所有賃貸物件の現地確認や管理会社との打ち合わせのための交通費	
❾通信費	管理会社との電話による打ち合わせやFAX、書面送付のための郵便費等	
❿新聞図書費	不動産投資や税金といった不動産に関する書籍購入費	
⓫税理士に支払う手数料	確定申告等税理士に依頼した費用	

※上記は一般的に不動産投資において認められる経費になりますが、詳細については専門の会計士・税理士へ御確認ください。

不動産投資は、息の長い投資です。

　40歳で購入し、借入期間が20年ならば、完済するときは60歳となります。50歳で始めれば70歳となります。

　したがって、できれば早いうちからスタートさせるほうがよいのですが、年配だからと言って不利というわけではありません。

　年齢に左右されることなく、要はいかにして投資物件の価値を高め、利益率の良い物件に育てていくかです。

　不動産投資はローンを完済した後に、うまみがあります。

　毎月の返済がなくなりますから、家賃収入から経費を引いた残りのすべてが利益になるからです。老後の生活資金として考えるならば、悠々自適の生活を実現することも可能です。

　不動産投資をするメリットは、このように長期的なビジョンを持って、人生を送ることができることです。

　そうして、難しい時代にも恐れることなく、生き生きと快適な人生を充実して送るために、本書を参考にしながら、ぜひ不動産投資を成功させてください。

PART1 のポイント

ポイント❶

日本はこれから少子高齢化社会が進展し、生活するうえで難しい時代がやってきます。特に国の財政は現在危うい状況にあり、年金に頼った老後生活はリスクの大きいものとなっていきます。

また、企業を囲む環境も次第に厳しくなり、サラリーマンにとって、どう生きていくかは大きな課題となっています。

もはや、国や会社に頼れる時代は過ぎ去り、自分自身で現在の生活を切り拓き、また老後生活を考える時代に入っています。

こうした時代に大切なことは、一時的に大金を得るのではなく、毎月、継続して、しかも長期間、安定して収入を得ることです。

ポイント❷

株式投資をはじめ多くの投資分野がありますが、アパートやマンション、住宅などの投資物件に投資することがベストの選択です。

なぜなら、投資物件を賃貸物件として保有し、それを貸し付けて、定期的に賃料収入を得ることは、長期間、安定して収入（インカムゲイン）を得る方法であるばかりでなく、場合によっては売却してキャピタルゲインを得ることもできるからです。

ポイント❸

金融機関が投資に対して融資を行う分野は、不動産という実物資産の購入に対してのみです。株式投資やFX、J-REITなどに対しては融資は行いません。

条件によっては、購入金額の満額を融資することもありますが、それだけ不動産は、金融機関にとっても信頼性の高い投資対象であるということになりましょう。

ポイント❹

不動産投資には、少額の自己資金から始められる、相続対策にもなる、私設年金対策になる、など多くのメリットがあります。

できるだけ早く始めることが、成功への近道となります。

PART 2

不動産投資を始める前に知っておきたい「知識」

Chapter 1
不動産投資は「経営」そのもの

Chapter 2
不動産投資のリスクとリターン

Chapter 3
表面利回りと実質利回りを計算する

Chapter 4
キャッシュフローを確認する

Chapter 5
ROIでレバレッジ効果を確認する

Chapter 1
不動産投資は「経営」そのもの

不動産投資を成功させるも失敗に終わるも、それに携わる人の自覚、姿勢一つです。安定した家賃収入を得ることは、決して「不労所得」ではないという強い気持ちで経営に当たるべきです。

求められる経営者の自覚

　不動産投資を始めるべき時代であり、またメリットも多いことがわかった今、1日も早くスタートを切りたいと思う方も多いことでしょう。
　ただし、不動産投資を成功させるために、このスタート地点で、しっかりと胸に刻んでおいてほしいことがあります。
　それはこれから始める投資は、たとえ副業であったとしても、「1つの確かな事業である」、これに携わるあなたは「事業家、あるいは経営者である」ということ。そして、その強い自覚です。

決して不労所得ではない

　しばしば、不動産投資で得られる利益は「不労所得」だと言われます。
　確かに、お金を稼いでいる当事者はアパートであったりマンションであったりして、投資家が朝から晩まで働いているわけではありません。投資家が風邪で寝ていても家賃はきちんと振り込まれてきます。

その意味では、預金や株式の持ち主の働きなしでも利益が生まれる、銀行の利息や株式配当などと同じ「不労所得」と言っていいかもしれません。

しかし、形は似ていますが、不動産投資は預金や株式と本質的に異なります。得られる利益は、決して不労所得ではないのです。

決定的な投資家の勉強と働き

不動産投資では、投資家の働きが決定的な役割を果たします。

投資に成功する投資家は、例外なくきちんとした事業家（経営者）意識を持ち、不動産投資のリスク対策や研究を欠かしません。

不動産投資は、経営そのものなのです。

管理などについては管理会社に任せてしまうのもよいでしょうが（実際、サラリーマンの副業として始めるならば、管理の実務はできませんから）、管理の方法をはじめ、どのようにして利益を大きくしていくか、空室リスクにどう対処するか、などについては、常に勉強をしていく必要があります。

経営とは数字を読むこと

経営とは、別の言葉で言えば「数字を読むこと」です。

不動産投資では、利回りやら税金、減価償却、ROIなどの用語が使われ、そのいずれもが数字と結び付いています。

数字は苦手だと言っていても始まりません。どの数字も、不動産投資の成功・失敗に密接に関わっています。初めは面倒な気がしますが、一度、理解さえしてしまえば、これらの数字は決して苦にするような性質のものでないことが分かるはずです。

また、理解さえしてしまえば、不動産投資のおもしろさが倍加し、より良い数字が出せるよう経営努力することになるでしょう。

Chapter 2
不動産投資のリスクとリターン

不動産投資には、主に4つの投資対象の分類があります。基礎知識として、どれが一番自分に適した投資なのかを検討しておきましょう。

リスクとリターンの4分類

まずは、不動産ファンドがリスクとリターンを考えて行う、投資対象の4分類から説明しましょう（不動産証券化協会の分類）。

①コア型投資

リターンが主に不動産賃貸（インカムゲイン）である投資。利回りは低いが一等地なので低リスクで安定している。

②コアプラス型投資

主要なリターンは賃貸インカムだが、同時に売買による値上がり益（キャピタルゲイン）も狙う。

③バリューアデッド型投資

賃貸インカムに加え、割安に取得した不動産に付加価値を付けて高く転売する。企画力が必要になる。

④オポチュニスティック型投資

競売や立ち退き案件などのハイリスク物件を買い取り、付加価値を付けて高く売る投資。プロ向き。

どれが個人投資家向きなのか

　さて、この４分類の中で、個人投資家に向いた投資スタイルは、どれでしょうか。

　最も安定しているように見えるコア型投資は、一等地への投資です。投下資本が大きく、低利回りでも安定的な収益を狙う大資本向きの投資です。

　バリューアデッド型投資やオポチュニスティック型投資では、企画力や強い営業力、また資本力や豊富な経験が必要になります。

　不動産投資は金額が大きいだけに、失敗は許されません。

　そこで、低リスクでありながら、利回りが良い不動産投資を考える個人投資家に向いた投資は、賃貸収入と売却益を同時に狙う「コアプラス型投資」となります。

個人だからこそできる投資スタイル

　不動産ファンドは投資期間が決まっていますから、今、景気が悪いからといって、じっと景気が良くなるまで待つということは許されませんが、個人投資家は期限というものがありません。

　そこで、景気が思わしくなく、不動産売買では利益が見込まれないようなときには賃料収入を得る戦略で、景気が良くなって物件価格が上昇したときに、高く売り抜けることが可能になるのです。

　コアプラス型投資は、投資期間に縛られない個人だからこそできる投資と言えましょう。

Chapter 3
表面利回りと実質利回りを計算する

不動産投資の世界で頻繁に使われる数字は、利回りについてです。利回りには表面利回りと実質利回りがあります。また、ROIという用語についての理解も重要です。

利回りとは

　さてここからは、不動産の世界で使われる数字についての説明に入りましょう。
　一番最初に、投資したお金に対して、どれだけの見返り（収益）があるかを示す「利回り」から始めましょう。
　また、利回りと同じように重要な数字に「ROI」（投資対効果）があります。ROIに関連するものとして「キャッシュフロー」「減価償却費」があります。
　いずれも重要度の高い数字です。
　これらを順番に紹介します。

表面利回りを計算する

　利回りには、「表面（グロス）利回り」と「実質（ネット）利回り」があります。
　不動産投資では、この2つを計算することが欠かせません。

表面利回りの計算式は次の通りです。

表面利回り(%) ＝ 年間の家賃収入 ÷ 物件の取得価格 × 100

例えば月間の家賃収入が100万円なら、年間12カ月で1200万円。この物件の購入価格が1億2000万円ならば、

1200万円 ÷ 1億2000万円 × 100 ＝ 10%

となり、表面利回りは10%となるわけです。

表面利回りの注意点は

ただし、表面利回りでは、購入する際の諸費用や税金、管理に要する諸費用などは含まれていません。

実際に手元に入ってくる金額を表すものではありませんが、全体のスケールを見る目安となります。

不動産関係の広告などに用いられる利回りは、ほとんどこの表面利回りです。

実質利回りを計算する

これに対して、現実にどれだけの収益があるかを表すのが、実質利回りです。物件の価値を評価するには、実質利回りを検討することが大切になります。

実質利回りを求める計算式は次の通りです。

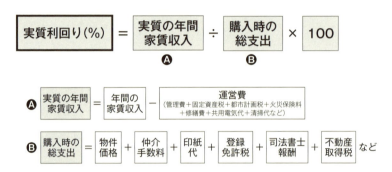

※実質利回りの表現方法は、不動産会社や情報サイトなどによってもさまざまです。なかには運営費の項目には固定資産税と都市計画税しか加えないものもあるほか、購入時の総支出としては物件価格しか入れないものもありますので注意が必要です。

大型物件の注意点

エレベーターのあるマンションなどの大型物件では、エレベーターの管理費、セキュリティー代、共用部の電気代、清掃代などがかさみ、表面利回りと実質利回りの差が大きく開くことがあります。

ただし、ワンルームマンション（1部屋ごとに販売される区分マンション）の場合は、マンションの管理組合が徴収した管理費をもとに管理業務一切が実施されているので、運営費なども計算しやすいでしょう。

Chapter 4

キャッシュフローを確認する

利益というお金（キャッシュ）を、結果的に、どれだけ残せるかが投資の成否です。不動産投資では、収入から支出を除いたお金がどれだけあるかについて、常にチェックすることが大切です。

キャッシュフローとは

次に、「キャッシュフロー」について知りましょう。

この言葉は、一般的に企業活動などで、よく使われる用語です。**文字通り現金（キャッシュ）の流れ（フロー）で、収入から支出を引いて残ったお金の流れを意味します。**

不動産の世界でも、銀行のローンを返済し、税金を払った後で手元に残ったお金のことを指します。

キャッシュフローを計算する

ちょっと面倒ですが、まず税引き後利益を出し、それから減価償却費と返済元金を入れ、次の2つの計算をすると求めることができます。

キャッシュフローの計算式は次の通りです。

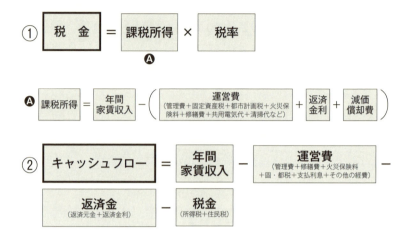

まず①で税金の額を出すことから始めます。税金は課税所得に税率を掛けることで算出できます。年間家賃収入から運営費と返済金利、減価償却費を引いた額が課税所得です。ちなみに運営費は、管理費＋修繕費＋火災保険料＋固・都税＋そのほかの経費で表されます。

そのうえで、年間家賃収入から運営費、返済金、税金を引くことで、②のキャッシュフローが求められます。

所得税の税率

課税所得	税率	控除額
195万円以下	5%	0円
195万円超〜330万円以下	10%	97,500円
330万円超〜695万円以下	20%	427,500円
695万円超〜900万円以下	23%	636,000円
900万円超〜1,800万円以下	33%	1,536,000円
1,800万円超〜4,000万円以下	40%	2,796,000円
4,000万円超	45%	4,796,000円

減価償却費の意味は

　課税所得の計算式で、「減価償却費」が登場しています。減価償却費とは、不動産の中で建物に関係してくる経費です。建物は時間が経つうちに価値が減少しますので、その減少する分を税務上の必要経費として認められているのです。

　また税金とはシンプルに言えば、収入から運営費を引いたものに税率を掛け合わせたものですから、減価償却費が運営費として計上することができるということは、税金にも関係してきます。例えば減価償却費を多く計上されると、その分会計上では利益は減るものの逆に税金の額が減り、税引き後キャッシュフローは多くなります。

キャッシュフローのプラスマイナス

　ここで、図を参考にしながら、課税所得（不動産所得）とキャッシュフローの関係を具体的な数字をもとに見てみましょう。

キャッシュフローと不動産所得の関係

	キャッシュフロー		課税所得（不動産所得）	
収入	家賃収入	1000万円	家賃収入	1000万円
運営費	管理費	50万円	管理費	50万円
	修繕費	30万円	修繕費	30万円
	火災保険料	10万円	火災保険料	10万円
	固・都税	80万円	固・都税	80万円
	その他経費	80万円	その他経費	80万円
			減価償却費	150万円
返済	返済元金	200万円		
	返済金利	300万円	返済金利	300万円
	収支（税引き前）	250万円	不動産所得	300万円
税金	所得税	20万円		
	住民税	30万円		
	収支（税引き後）	200万円		

まずは課税所得（不動産所得）についてです。

この不動産所得から税金（納税額）を割り出しましょう。

まず住民税は一律10％ですので、30万円です。所得税は、税率が10％（課税所得195万円超〜330万円以下）なので30万円。控除額が9万7500円ですから、納税額は差し引き20万2500円です（図では分かりやすく20万円としています）。

次に、キャッシュフローを出します。

この例のように、計算してキャッシュフローがプラスになれば、その金額が手元に残っていることを意味します。

ローンも返済し、税金も払って、なお残りがあるわけですから、不動産投資は成功で、純資産を増やしていくことができます。

反対に、キャッシュフローがマイナスになれば、その分が持ち出しになります。サラリーマンとしての所得から補てんできればいいのですが、いずれにしても投資としては成功とは言えません。

物件の購入に際しては、利回りだけではなく、キャッシュフローまでを厳密に計算することが必要です。

Chapter 5
ROIでレバレッジ効果を確認する

投資効率を大きくするには、どうしたらよいのでしょうか。そのためには、自己資金を少なくして、金融機関からの融資を大きくすること、すなわちレバレッジ効果を高めることです。

不動産投資のおもしろさ

　不動産投資のメリットとして挙げた項目のトップは、レバレッジ効果で少額の自己資金から始められることでした。
　ここではさらに深く、金融機関から受ける融資の額が多ければ多いほど、効率良くお金を稼ぐことができるのが不動産投資のおもしろさであることを説明しましょう。
　その効率がどれほどのものであるかを知るのが、ROI（Return On Investment）と呼ばれるものです。投資した自己資金に対する、年間のキャッシュフローの割合です。

ROIを計算する

　ROIは、次の計算式で求められます。

$$\text{ROI}(\%) = \frac{\text{年間キャッシュフロー}}{\text{最初に支払った自己資金}} \times 100$$

例えば、キャッシュフローが年間200万円あったとして、初めに投じた自己資金が1000万円だとすると、

200万円 ÷ 1000万円 × 100 = 20%

となります。自己資金が700万円と少なくなると、上の計算式で、ROIは28.57%となります。

つまり、同じキャッシュフローの場合に、自己資金が少なくなればなるほど、ROIは大きくなります。

金融機関からの融資金額を大きくし、レバレッジをかければかけるほど、お金を増やす効率が良くなるのです。

投資効率を上げるには、可能な限り融資金額を多くして、不動産を購入すればよいことが、このことから分かります。

ROIの考え方

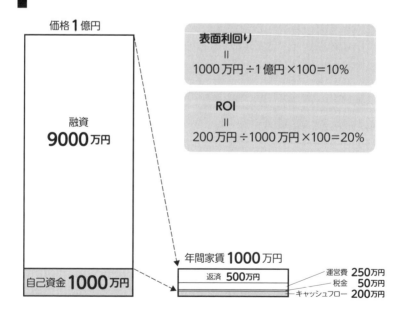

PART2のポイント

ポイント❶

　不動産投資をしていく中で最も大切なことは、これは1つの事業なのだ、経営なのだという自覚を持つことです。

　とかく不動産投資では、家賃収入という収益方法にのみ注目して、「不労所得」という表現を使いがちです。

　しかしこの言葉は、誤解を招きやすい言葉でもあります。

　不労所得は、文字通り「働かなくとも入ってくる収入」という意味ですが、不動産投資の成功者は、決して「働かない」わけではありません。いやむしろ、きめ細かく勉強し、行動を起こします。

　そうでなくては、不動産投資を成功させることはできません。

　不動産投資における「不労所得」という言葉は、家主（投資家）がたとえ病気になって入院しても、旅行に行って留守をしていても、その建物（不動産）が家賃という所得をもたらしてくれる、というくらいに解釈したほうがよいでしょう。

ポイント❷

　経営者の自覚を持つことの大きな意味は、不動産投資がもたらすいくつかの数字に対して関心を持ち、常にその数字を向上させていくための知恵と行動を働かせることです。

　利回りをもっと大きくするために、どうしたらよいのか、キャッシュフローをもっと多くするには何をすべきか、いつも考えることです。

ポイント❸

　不動産投資は長期の投資ですから、投資効率を高めることによって、息長く利益を手に入れることができます。投資効率はいかに自己資金を少なくし、金融機関からの融資を多く引き出すかにかかっています。

PART 3

不動産を購入する9つの「ステップ」

Chapter 1
購入までのプロセスを知る

Chapter 2
予算と銀行からの融資

Chapter 3
取得する物件の条件を考える

Chapter 4
不動産投資において信頼できる
不動産会社とはどんなものか

Chapter 5
現地調査のポイント

Chapter 6
買い付けから融資へ

Chapter 7
売買契約の注意ポイントと
決済までの流れ

Chapter 8
管理会社の選び方

Chapter 1
購入までのプロセスを知る

不動産投資は比較的高額な投資ですから、慎重のうえにも慎重に進めるべきです。間違いのない投資をするために、9つのステップをきちんと踏んでいきましょう。

不動産投資の目的を明確に

　不動産投資の購入までのプロセスに入るまでに、最も重要な段階があります。それは不動産投資の目的を明確にすることです。

　そもそも何のために不動産投資をするのか、月々どの程度の可処分所得（税引き後キャッシュフロー）が必要なのか、仕事がある場合は不動産投資にどれくらいの時間をかけられるのか、自分自身でまず確認することから始めましょう。

物件取得までの取引の流れ

　不動産投資の目的を明確にした後は、いよいよ物件の選択、調査、そして購入へと移ります。

　行動を起こしてからのプロセスは、次のようになります。

　これだけの段階を踏んで、晴れて不動産投資がスタートします。

　細かくて煩雑なプロセスのように見えますが、大金を投資するわけですから、1つのミスもないように着実に歩を進めていくのは当然です。

失敗を恐れるな

　高額な取引になる不動産投資は、極端なことを言うのではなく、失敗すると損失が大きい投資です。

　不動産は、購入した後で、「しまった、こんなはずではなかった、早く手放さなくては」と思っても、すぐには売れません。

　株式などと比べて、流動性が低い世界だからです。売ろうと思っても、売却に何カ月かかるか分かりません。

　また、購入に際して使う諸経費もバカにできない額です。

　しかし、だからといって尻込みすることはありません。失敗をしなければよいだけです。

　要は慎重に、手順の1つひとつを踏み、利益の出る物件を選んでいくことです。

不動産投資を始めるまでの流れ

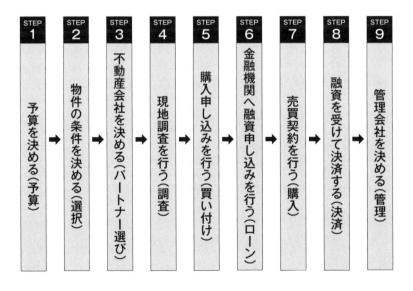

STEP 1 予算を決める（予算）
STEP 2 物件の条件を決める（選択）
STEP 3 不動産会社を決める（パートナー選び）
STEP 4 現地調査を行う（調査）
STEP 5 購入申し込みを行う（買い付け）
STEP 6 金融機関へ融資申し込みを行う（ローン）
STEP 7 売買契約を行う（購入）
STEP 8 融資を受けて決済する（決済）
STEP 9 管理会社を決める（管理）

Chapter 2 STEP 1

予算と銀行からの融資

何事も先立つのはお金。不動産投資を前にしてまず考えるのは、どの程度の物件を購入するのか、それは自己資金で賄うのか、銀行からの融資を仰ぐのかということです。

より高いROIを

　不動産投資に回す予算は、どれくらいにするのか。一般に投資を前にしてまず考えるのは、このことでしょう。

　自己資金だけで購入するのか、銀行からの融資を受けるのか、という問題もあります。これによって、購入できる物件は大きく異なってきます。

　全額、自己資金で購入することには、銀行への借金がない分、精神的にも資金的にも楽になります。

　例えば、空室が多くて、家賃が入ってこない場合でも、ローンの返済という待ったなしの義務からは免れるからです。

　しかし、不動産投資で、全額を自己資金で賄う投資家は稀と言ってよいでしょう。

　基本的に不動産は価格が高額ですから、また、戦略的にもほとんどの人が銀行の融資を受け、自己資金で許容する物件よりは大きな物件を購入して、より高いROIを狙います。

いくらまで借りられるか

　銀行からの融資についてはPART 6で詳しく説明しますが、個人投資家の場合、銀行は「属性評価」を行います。

　融資を受ける人がどのような人か、ローンを間違いなく返済していくことができるか、を評価するのです。

　お金を貸す金融機関の立場として、当たり前のことですが、どのくらいまで借りられそうなのかについても、検討しておいたほうがよいでしょう。

少額物件を多く、は考えもの

　もう1つ付け加えると、前項で触れたように、失敗できない不動産投資だからと言って、投資金額の少ない物件を多く保有してリスクを避けようとすることは、考えものです。

　確かに高額物件を1つ持ち、それが失敗した場合には、大きなダメージを受けますが、だからといって金額の少ない物件をいくつか持つと、取得の手間が多くなり、物件の多い分だけ管理がわずらわしくなります。

　また、管理会社に任せると、管理費も割高になります。

　こうしたことを全体的に考慮し、これくらいの価格の物件、という想定のもとに、購入したい物件のさまざまな条件を考えていきましょう。

Chapter 3 STEP 2
取得する物件の条件を考える

不動産投資には物件においてさまざまな条件があり、それぞれにプラス、マイナスがあります。どのような物件を手にしたいのかについてイメージしておきましょう。

物件のイメージは

どんな物件をほしいのか、取得する物件の条件を考えましょう。厳密に規定しなくとも、ある程度のイメージを作ります。

- ワンルームマンション（区分所有）か1棟丸ごとか
- 物件の構造は（RC造か、S造か、木造か）
- 築年数はどうか
- エリアはどこにするか
- 利回りは何％以上とするか
- ワンルームかファミリータイプか

などを考えます。

ワンルームマンション(区分所有)か1棟丸ごとか

物件のタイプはさまざまあります。予算を決めたうえで、投資目的、目標に応じて、購入する物件タイプを検討します。

不動産投資の種類

	タイプ	価格帯	特徴
区分所有	ワンルームマンション	100万円〜5000万円	・小額で好立地での投資がスタート可能 ・中古の場合、修繕積立金を引き継げる ・空室時のインパクトが大きい ・資産拡大には時間を要する
1棟不動産投資	築古戸建て	100万円〜1000万円	・賃貸需要が高く、賃借人の定着期間も長い ・シェアハウスなどで高利回りも狙える ・時間やノウハウが必要となってくる ・融資は受けづらい
1棟不動産投資	1棟アパート（木造、軽量鉄骨造）	1000万円〜2億円	・高利回りを狙いやすい ・経費率が安い ・立地や築年数によっては節税効果も期待できる ・中古の場合、融資は受けづらい
1棟不動産投資	1棟マンション（S造、RC造）	5000万円〜5億円	・資産価値が高く、拡大スピードは速い ・キャッシュフローが出やすい ・融資が受けやすい ・経費率が高い
区分・1棟不動産投資	商業・オフィス	3000万円〜5億円	・高利回りを狙いやすい ・家賃が景気に左右される ・空室時のインパクト大 ・経費率は高い

　また新築物件にするか、中古物件にするかも迷うところです。それぞれを比較しておきましょう。

新築と中古の比較

新築物件	中古物件
・利回りは低めになる ・高い賃貸需要が見込める ・企画段階から参加できる場合がある ・数年間は固定資産税などが安い場合がある ・修繕費等の突発的な支出がない	・高利回りを狙いやすい ・超好立地での投資が可能 ・修繕積立金が引き継げる（区分の場合） ・取得後、すぐに収入が見込める ・修繕費等には注意が必要

物件の構造は（RC造か、S造か、木造か）

PART 4で詳しく考えますが、金融機関の融資を利用される方は物件の構造や、新築か築古かといった築年数も考えましょう。

金融機関の融資は、法定耐用年数の残存期間以内でしか考慮されないことが多いと言われています。RC造なら47年、木造なら22年が法定耐用年数です。

木造で築15年という物件の場合には、残りの7年を最長の目安として金融機関は融資額を考えるわけです。

エリアはどこにするか

この後に紹介するように、不動産投資はどの程度の利回りの物件を、いくらの価格で購入するかが重要になります。「利回り」や「価格帯」は、物件が立地するエリアが大きく左右してきます。

自分の投資目的や目標に応じて、取得する物件のエリアを選択しましょう。ここでは、エリア別のワンルームマンション、1棟アパート、1棟マンションの平均利回りを見てみます。

■ エリア別平均利回り

地域	ワンルームマンション	1棟アパート	1棟マンション
東京都	6.67%	7.37%	6.95%
神奈川県	9.61%	8.73%	7.74%
千葉県	12.42%	9.94%	8.27%
埼玉県	11.72%	9.28%	8.18%
関西	8.03%	11.05%	9.14%
東海	11.24%	9.79%	9.81%
九州	10.64%	10.02%	8.52%
北海道	12.96%	12.09%	9.19%
東北	13.44%	11.00%	10.87%
中国・四国	12.70%	11.88%	10.57%
信州・北陸	15.50%	12.75%	11.57%

出典：「不動産投資の情報サイト 健美家」調べ（全国投資用不動産 市場動向レポート2015より）

利回りは堅実第一で

　さて、条件とする利回りですが、広告や投資情報サイトなどでは想定利回りが示されています。いずれも表面利回りを示すことがほとんどです。

　どうしても高い利回りに目が行きがちですが、高利回りの物件にはえてして事故物件など問題がある場合が多いものです。

　自分が手に入れてから、物件のバリューアップを行い、家賃を上げる努力をして利回りを上げるなどの方法もあります。

表面利回りで購入価格を決める

　表面利回りの計算式をもとに、購入価格を逆算で求めることもできます。あくまで想定価格ですが、1つの参考にはなります。

例えば、家賃を 15 万円、自分が求める表面利回りを 10%とした場合、

$$15万円 \times 12カ月 \div 10\% = 1800万円$$

このような結果が得られます。つまり、1800 万円以下の物件ならば、家賃 15 万円で表面利回り 10%以上を実現できるわけです。

ワンルームとファミリータイプ

これも次章のテーマですが、ワンルームかファミリータイプかという問題もあります。特徴をまとめてみます。

ワンルームとファミリータイプの特徴

ワンルーム	ファミリータイプ
・家賃単価は低い ・面積当たりの収益性は高い ・修繕費用を抑えられる ・単身者向けのため入退去の回転が早い ・退去が出ても次の入居者が決まりやすい	・家賃単価は高い ・面積当たりの収益性は低い ・修繕費用は高い ・一度入居すると長期になる傾向がある ・一度空室になると次の入居者が決まりづらい ・品質を高く維持する必要がある（投資費用が高い）

Chapter 4 STEP 3
不動産投資において信頼できる不動産会社とはどんなものか

確かな情報提供のできる不動産会社をパートナーとできるか否かは、不動産投資の成功、失敗を決定的なものにします。長く付き合える不動産会社は、投資家にとって心強い味方となります。

不動産会社のタイプは大きく2つ

　一言で不動産会社と言っても、さまざまなタイプに分けられます。自分の投資目的を実現してくれるパートナーはどのタイプの不動産会社なのか、慎重に選択する必要があります。

　ここでは、不動産投資に関わる「売買系」の不動産会社の種類を見てみます（「賃貸系」の不動産会社はこの章のChapter8で紹介します）。

《大手》

　大手の不動産会社のメリットは情報を幅広く取り揃えていること。各種調査も行き届いているほか、売買・賃貸・管理とさまざまな業務を手掛ける体制をしっかりと構築しています。

　また、契約の前提となる売買契約書、重要事項証明書等の作成に関しても確実で、チェック体制の強化が図られている場合も多いので、安心して取引することができます。

　IT化が進んだ現在でも、不動産取引は相対取引が一般的。確実な情報を得るために、全国各地に支店を設けて、営業することが多いと言われています。

《専門》
　大手不動産会社に比べて守備範囲は広くありません。しかし、専門分野に関しては、相当な専門性に特化した情報を有しているのが専門不動産会社の最大の強みです。
　「投資用ワンルーム専門」「1棟専門」「アパート専門」「商業ビル専門」など、さまざまな専門会社があります。物件購入の収支シミュレーションはもとより、きめ細かい情報を提供してくれるというメリットがあります。
　また、売買系のジャンル以外にも、「競売ビジネス」「任意売却ビジネス」「マンション買い取り」「不動産証券化ビジネス」などの専門会社もあります。

パートナー選びが成功失敗を左右する

　さて、収益の出る物件を手に入れるために欠かせない、重要な項目があります。本書にもご登場いただいている寺尾恵介さんも言っていますが、それは信頼できる不動産会社を見つけることです。
　信頼できる不動産会社が見つかれば、自分の投資に合った物件を紹介してもらうことができますし、一連の投資活動のさまざまな問題に対して、適切な助言や情報をもらうことができます。
　つまり、**きちんとした不動産会社を見つけられるかどうか、その会社をパートナーとして投資活動を展開できるかどうかは、まさに不動産投資の成功、失敗を左右すると言っても過言ではないのです。**

3段階で評価する

　信頼できる不動産会社を、どうやって選べばよいのでしょうか。
　そのポイントは、不動産投資のプロセスに沿って、その1つひとつに対して、正しくリードしてくれるかどうかにかかっています。

プロセスとは、大きく言って次の3段階です。

①目的に応じた投資物件の選択と紹介力
②その物件に対する融資（自分の所有）
③購入後の十分なサポート

これらの段階で、確かな機能を果たしてくれるのが、信頼できる不動産会社と言えます。

投資家の目的に応えられるか

投資家は実にさまざまな目的と考えを持って、不動産投資の世界に入ってきます。キャピタルゲイン狙いだったり、インカムゲインが目的だったり、老後の個人年金作りだったり、相続対策だったり、さまざまです。

投資家本人の属性もあり、自己資金の問題も、投資したいエリアもさまざまです。

こうした投資家の目的や考えに、まず、十分に耳を貸す不動産会社（担当者）であることが第一条件です。

このとき、不動産会社の担当者の顔（心）が、投資家に正しく向いているかどうかは大きなポイントになるのです。

基本的に、投資家の考えなどはどうでもいい、自社の持つ物件を販売すればいいと考える不動産会社、「売って終わり」の不動産会社は対象にしてはいけないということです。

投資物件の選択

上記と関連して投資家の目的や考えに合致した物件を、的確に選択し、紹介できる力のある会社（担当者）であることも重要です。

そのためには、多くの物件を常に扱い、頻繁に取引を行う実績を持ち、担当者の1人ひとりが、数ある物件の詳細を熟知していなくてはなりません。物件の詳細な条件には、物件の売却に至った売主の事情、物件周辺の賃貸事情やレントロール（貸借条件一覧表）なども含まれます。

このような知識と実績に裏打ちされて初めて、さまざまな投資家のニーズに合った物件を紹介できると言えるのです。

金融機関の情報が豊富か

買いたい物件が決まったら、大きな関門として金融機関の融資があります。融資が不可となったら、どんなに魅力のある不動産も、関係のない宝の山になってしまいます。

金融機関は不動産会社の紹介で訪問するのが鉄則です。ですから、**融資に結び付けられる、力のある会社（担当者）かどうかが重要なポイントになるのです。**

融資の知識が豊富で、金融機関の情報に詳しい会社（担当者）ならば、サラリーマン向けや事業家向けなど、投資家の属性に適合した金融機関とのつながりを持っています。

購入後のサポートは

購入後のサポートも大切です。

前述のように、売っておしまいの売買専業の不動産会社ですと、販売後の投資家の状態には無関心です。

これでは、投資家にとって、稼げる投資活動とはなりません。

出口戦略のタイミングを間違えない

　不動産投資には、文字通り売却益で利益を上げる「投資」という側面と、賃料で収入を確保する「賃貸経営」という2つの側面があります。

　もし、売却益を狙うのであれば、収益物件は1つ（1棟、1区分）買って終わりではないということは肝に銘じておきましょう。投資家の考える目標に到達しなくてはなりません。

　物件を複数所有していると、持ち続ける物件と、売却して現金に換える物件とに分けることができます。物件の売却と購入の繰り返し、資産の入れ替えでも、不動産会社（担当者）が投資家の目的をよく知っていて、その希望や将来ビジョンを踏まえながら、この後の戦略を投資家とともに練っていかなくてはならないのです。

　その意味で、投資家と常に同じ目線で、管理を考え、出口戦略を練ることのできる不動産会社を見つけなくてはなりません。

信頼できる不動産会社とは…

Point 1
投資家の目的や考えに沿った提案をしてくれる

Point 2
投資物件を的確に選択し、紹介できる力（知識・実績）を持っている

Point 3
融資に結び付けられる力（知識や情報、金融機関とのつながり）が強い

… Chapter 5 STEP 4

現地調査のポイント

提供された情報を鵜呑みにせず、必ず自分自身が現地に足を運び、情報が正しいかどうかを確認することが大切です。現地調査の注意点を見てみましょう。

まずは周辺環境を確認する

　不動産会社に物件を紹介されたり、情報サイトで物件情報を得たら、現地に足を運んで自分の目で確かめましょう。
　まずチェックしたいのは周辺環境です。駅周辺の賑わいや人通りはもちろんのこと、スーパーやコンビニ、クリーニング店など、暮らしに密着した生活施設があるか、また幼稚園や学校、金融機関などの公共性の高い施設があるかをチェックします。
　さらに、工場や火葬場、墓地、風俗店などの有無、治安状況などに関しても、入居者目線で確認しておきます。

土地状況のチェックポイント

　次に土地の状況を確認します。これは土地自体の利用価値を判断する大事な材料にもなります。土地の価値を低下させる要素はないか、隣地とのトラブルの危険性がないかをチェックするうえでも重要です。
　まずは土地の形状の確認を行います。整形地であるか不整形地であるか、隣地との高低差はあるか、擁壁（土留めのために作った

壁）はあるか、擁壁がある場合にはその高さはどれくらいかなどを調べます。後に擁壁を再設置する必要性が出た場合、工事費用がかさむ可能性もありますし、擁壁が２ｍを超える場合は、再建築の際に影響が出てきます。

敷地と道路の関係も重要なチェック項目です。まず確かめておきたいのは、敷地が道路に２ｍ以上接しているかという点です。建築基準法の規定で、敷地が道路に２ｍ以上接していない場合は建て替えができないことになっています。

さらに、前面道路の幅は４ｍ以上か、４ｍ未満かも重要です。もし４ｍ未満であれば、将来建て替えする場合に、敷地の一部を道路に提供する「セットバック」が必要になる場合があります。前面道路の中心線から、それぞれ２ｍずつをセットバックする必要があるため、当該地はセットバック済でも向かいの建物がセットバックしてない場合もあります。

その場合は当該地は改めてセットバックの必要はないので敷地境界の確認も必須です。境界標（コンクリート杭など）があるかを確認するほか、境界をめぐるトラブルの有無なども調べます。

また、境界線上に塀やフェンスが設置されている場合には、その所有者は誰なのかを確認します。管理責任はその所有者が負うことになっているためです。

近隣関係では庇や樋、庭木、電線など越境物の有無も確認します。

建物チェックの注意点

土地の状況と同時に、建物のチェックも行います。専門家でなければ精度の高い調査は行えないのも事実ですが、建物の外観から気になる点や管理状況などは把握できます。

外観のチェックでは、ひび割れやタイル面に浮き沈みがないか、塗装にはがれがないか、壁を触ると白い粉が付かないか（チョーキ

ング現象)、外壁改修を行うだけのスペースが隣地との間にあるか、目視で建物の歪みや傾きなどがないか、日光が当たらない壁などの腐食が進行していないか、受水槽や汚水槽などはメンテナンスができる場所に設置されているか、過去の修繕状況はどうかなどをチェックします。

　また、建物内部では、階段やエレベーターの傷み具合、火災報知器の有無、自転車置き場や駐車スペースの状況、空室具合などはもちろんのこと、共有部分(郵便ポスト、廊下、エントランス、駐車状態、植栽の手入れ、掲示板)を確認します。

　これらの状況から、管理状態や入居者の質などを把握することができます。

Chapter 6 STEP 5 STEP 6
買い付けから融資へ

投資物件が決まったら売買契約となり、銀行の融資がおりれば、不動産は自分の所有になります。金融機関との融資交渉をうまくいかせるためにも、手順を踏んで融資の申し込みを行いましょう。

購入の申し込み

　こうした現地調査を含め、これぞ、という物件が現れたら、即座に買い付けの申し込みをします。
　買い付け申し込み書は各不動産会社に用意されており、希望購入価格や融資利用の有無などを書き入れます。
　これはあくまで「申し込み」で、契約ではありませんので、キャンセルすることもできます。
　ただし、何度も買い付け申し込みをしながらキャンセルすると、信用がなくなって、後の購入に影響しますので注意しましょう。

重要な金融機関の内諾

　また、人気物件には多くの投資家が買い付けに名乗りを上げますから、必ず買うことができるわけではありません。
　しかし、気に入った物件が現れたら、できるだけ早く買い付け申し込み書を提出することが肝要です。
　特に、これはぜひ手に入れたいと考える物件の場合には、売主との売買の合意が得られても融資で銀行から断られては、購入が不可

能になりますから、あらかじめ金融機関の内諾を得ておき、買い付け申し込み書を出すとよいでしょう。

金融機関はさまざま

　通常は、買い付け申し込み後、直ちに融資の申し込みを行います。
　融資の申し込みを行うことができる金融機関は、いわゆる銀行ばかりではありません。
　政府系の金融機関である日本政策金融公庫（旧・国民生活金融公庫ほか）なら、全期間固定金利での融資が可能です。
　銀行は都市銀行や地方銀行があり、さらに信用金庫や信用組合があります。

不動産会社からの紹介を

　1つ注意しておきたいのは、手順をきちんと踏むということです。
　いきなり銀行の窓口に立って、「不動産投資をしたいので、融資を受けたい」と言っても相手にされないこともあります。
　不動産会社などから紹介を受けてから、話を通すほうがスムーズにいくことも多くあります。
　金融機関では、物件の評価（物件評価）と貸す人への評価（個人属性評価）によって融資の可否を判断します。

2つの返済方法

　返済の方法も、2つあることを知っておいたほうがよいでしょう。
　1つは「元利均等払い」で、毎月支払う金額が一定。その中の元本と金利の内訳金額を変動させていくものです。
　初めは金利の支払いが多く、元本の返済が遅れます。

もう1つは、「元金均等払い」です。

元本の支払い額は一定で、金利の部分が変動します。初めは月々の返済額が大きいのですが、元本の減りが早い特徴があります。

重要な本人の属性評価

融資の可否で重要なポイントは、個人属性評価です。

融資する人が信頼できる人か、間違いなく返済する人かを評価します。

その基準は、過去3年程度の年収、職業や肩書、貯蓄の有無などです。納税証明書を提出する場合もありますが、資産を拡大させたい人は、納税額は多いほうがよく、あまり節税に熱心だと次の融資を受けられない場合があります。

… Chapter 7 STEP 7 STEP 8

売買契約の注意ポイントと決済までの流れ

売買の合意が得られれば売買契約に移ります。投資家として、売買契約に至るまでにチェックしておきたいこと、契約や決済の流れなどを確認しておきましょう。

売買契約

買主と売主の間で売買についての合意がなされたら、売買契約の段階に入ります。まず、不動産会社が「売買契約書」と「重要事項説明書」を作成します。「売買契約書」は全国宅地建物取引業保証協会や一般財団法人不動産適正取引推進機構が作成した標準フォーマットに基づいて、作成されるのが一般的です。

契約書類のコピーをもらい、念入りにチェックすることが肝要です。疑問点があれば、不動産会社に問い合わせましょう。

ここでは売買契約書の項目を確認します。

①売買物件の表示

売買対象の物件情報が示される項目です。一般的には登記簿に基づいて記載されているものですが、それらの表示に何らかの誤りがないか詳しくチェックします。

②売買代金、手付金等の額、支払日

売買代金に誤りがないか、手付金の金額は妥当であるか、手付金の扱いはどうであるか（解約手付、証約手付、違約手付）、支払う

期日に間違いはないかをチェックします。後のトラブル防止のため、代金の支払い期日は特に明記しておいたほうがよいでしょう。決済日（引き渡しと同時）に支払うのが一般的です。

③土地の実測及び土地代金の清算

登記簿に表示された面積と実際の面積が違うケースもあります。そうした場合には、売主が土地を実測し、差額清算をすることもあります。これはその取り決めです。

④所有権の移転と引き渡し

所有権の移転・引き渡し期日に関する取り決めです。決済日に行われるのが一般的です。

⑤付帯設備等の引き継ぎ

室内のエアコンなどの設備をはじめ、付帯設備の引き継ぎに関する項目です。

不動産投資の場合は、基本的に賃貸物件なので、「現況有姿」（そのままの姿）が原則になることが多く、かつ、付帯設備に関しても、借主が既に居住しているケースが多いために、確認できない場合もあります。そうした際には、設備の状況がまとめられた「付帯設備表」の受け渡しが割愛されることもあります。

⑥負担の消除

抵当権、質権、地上権、賃借権など、所有権の行使を阻害する権利が完全に取り除かれた状態で売却物件の引き渡しができるかどうかの項目です。この点が明確でないと、予定通りの引き渡しができない場合もあります。売買契約書の中に、所有権移転時までに、抵当権等の権利が抹消されることが盛り込まれているか、チェックします。

⑦ **公租公課等の清算**
　固定資産税、都市計画税、マンション管理費、修繕積立金等に関する清算の取り決めです。固定資産税や都市計画税は毎年1月1日時点の登記名義人に課税されるため、どのように負担するか、買主と売主の間で確認します。決済日を基準に日割りで清算するのが一般的です。
　なお、固定資産税、都市計画税の清算は1月1日ではなく、4月1日を起算日として計算する地域もあるので注意が必要です。

⑧ **手付解除**
　売買契約を締結した後に、当事者の一方の都合により、売買契約を取り消さざるを得なくなった場合には、相手方に対し、損害賠償や違約金の支払いを行う必要があります。こうした場合に備え、売買契約書には契約を締結した際に支払う手付金相当額の取り決めがあります。一般的には売買代金の10％までの範囲で設定されます。
　買主の都合で契約を解除した場合には、売主に支払った手付金を放棄する（「手付放棄」）、売主の都合で契約を解除した場合には、買主から受領した手付金を返還したうえで、同額を買主に支払います（「手付倍返し」）。

⑨ **引渡し前の物件の滅失・毀損**
　災害による建物の全壊、全焼などが原因で、売却物件が滅失・毀損した場合の取り決めです。物件の修復に相当な費用がかかる際、あるいは物件の滅失・毀損により買主が契約できない場合には、契約を無条件で解除することが可能です。

⑩ **契約違反による解除**
　当事者間のいずれかが債務不履行となった場合、契約を解除する取り決めです。こうした場合には、契約違反した側が違約金等を支

払うのが一般的です。違約金はおおむね売買価格の20％までの範囲で設定されます。

⑪反社会的勢力の排除
売主及び買主が暴力団等反社会的勢力でないことなどが売買契約書に盛り込まれているか確認しましょう。相手方がこの条項に反した場合には、契約を解除することができます。

⑫ローン特約
金融機関の住宅ローンを利用して物件を購入する際、ローン審査に通らなかった場合、売買契約を無条件で解除できる取り決めです。しかし、買主の落ち度により住宅ローンを受けられなかった場合は、この特約は適用されません。

⑬瑕疵担保責任
購入物件に、雨漏り、シロアリ被害、給排水設備の不具合など、隠れた瑕疵・欠陥などが見つかった場合に、売主が負う補修や損害の賠償に関する項目です。売主に責任が生じる期間は、物件の引き渡しからどれくらいかも取り決めます。

一方、個人間取引で対象物件が古い場合などでは、あえて瑕疵担保責任は負わないことにする場合もあります。瑕疵をめぐるトラブルが多発していることから、よく確認しておきたい項目です。

宅建業者が売主となる場合は、法律上、一定期間の瑕疵担保責任を負う義務がありますので安心と言えるでしょう。

売買契約・決済の流れ

契約内容について納得したら、いよいよ売買契約の締結です。
当日は、買主、売主、不動産会社が同席のもとで、契約締結が行

われます。場所は不動産会社の事務所が一般的です。

　まずは、不動産会社の宅地建物取引士が、重要事項説明書に基づいて、購入物件の重要事項に関する説明を買主に対して行います。さらに、売買契約書の最終確認も行ったうえで、契約書に署名・押印し、手付金などの授受を行います。

　当日、買主は、「実印」「本人確認書類」「手付金」「印紙代」、売主は「実印」「本人確認書類」「印紙代」を持参します。場合によっては「仲介手数料半金」が必要となることもあります。

　決済に関しては、売主、買主、司法書士、金融機関、不動産会社の立ち合いのもと、「残代金の支払い」「固定資産税、都市計画税、管理費の日割り清算」「敷金、保証金の引き継ぎ」「仲介手数料の支払い」「司法書士による所有権移転の手続き」など、一連の決済手続きを行います。これらが終わると、いよいよ物件引き渡しになり、不動産会社から鍵などの引き渡しがあります。

　このように、不動産取引は契約と決済の2段階に分けて行われますが、売買契約・決済を同日に行うケースもあります。

Chapter 8 STEP 9
管理会社の選び方

家賃の徴収から入居者対応、日常清掃業務、各種点検作業など、賃貸経営にはさまざまな管理業務が伴います。管理のプロである管理会社との付き合い方を確認しましょう。

賃貸系不動産会社とは

　本章の Chapter 4 で「売買系」の不動産会社の種類を見ましたが、不動産会社には「賃貸系」というジャンルもあります。賃貸管理にも関わる問題でもあるため、改めて「賃貸系」不動産会社について整理しておきます。

《仲介会社》
　店舗を構え入居者の募集から賃貸契約までを担う不動産会社です。
　全国に支店やフランチャイズ店を設ける大手賃貸仲介会社と、地域密着の賃貸仲介会社に分かれます。

《管理会社》
　家賃集金や入居者からのクレーム対応、物件のメンテナンスなど賃貸物件を管理していくのが主な業務です。法律に基づく受水槽清掃作業や消防設備点検、建築物定期検査、特殊建築物定期調査、さらには建築設備の維持につながる各種保守点検作業（電気、給水、エレベーター、空調など）、巡回見回り、植栽管理、美観管理なども業務の範囲に入ります。

家賃徴収（督促）、入居者クレーム対応など、ソフト面に関する業務はPM（プロパティマネジメント：賃貸管理）業務と呼ばれる一方で、清掃、設備の管理や点検、防災消防管理、保守点検などハード面に関する業務はBM（ビルマネジメント、ビルメンテナンス：建物管理）業務と分けて呼ぶ場合もあります。
　投資家、あるいは管理組合（分譲マンションの場合）と結ぶ「管理業務委託契約」の内容によって、担う業務や管理委託料が変わってきます。
　仲介会社と同様に全国展開の大手と地域密着に分けることができます。ちなみに、2011年に国土交通省の告示による賃貸住宅管理業の登録制度が創設されています。

　以上のように、賃貸系不動産会社は、仲介と管理に分けることができますが、どちらの業務も担う不動産会社も少なくありません。特に、大手不動産会社の場合は、入居者募集から管理・退去まで、すべての手続き・業務を担当するケースが一般的です。
　管理業務をメインに行う不動産会社（管理会社）であっても、店舗を構え、仲介部署を持つところも多く、この場合には自社で入居者募集を行います。こういう管理会社は、自社の管理物件を優先して募集してくれます。客付け力がある会社なら、空室リスクの軽減策としても有効でしょう。一方、仲介部署がない場合は、ほかの仲介会社などに入居者募集を依頼するのが通常です。
　このように、投資家の意向も含めて、仲介会社や管理会社との付き合い方はケースバイケースですが、1つ言えることは、仲介と管理には深い関連性があり、明確にラインを引くことは難しいということ。実際、投資家の多くも賃貸経営をするうえで、両者を切り分けて考えるようなことはせず、仲介・管理を一体的にとらえる場合がほとんどです。ここでは、その観点から、仲介会社・管理会社を「管理会社」と一体にとらえて説明していきます。

経験や能力を踏まえてお付き合いを

　物件を手に入れたら、投資家はどのように管理会社との付き合いをすべきでしょうか。まずは自分が何の管理業務を担えるのか、どの業務をプロの管理会社に依頼するかを判断することが重要です。

　例えば、賃貸経営の経験が浅い投資家や、管理戸数が非常に多い場合などは、自分ですべての管理業務を行うことは難しいでしょう。

　特に、サラリーマンなど、ほかに本業がある人は、賃貸経営に十分な時間と労力を割けないでしょうから、なおさらです。こうした場合は、管理業務の一切を管理会社に依頼するほうが無難でしょう。

　賃貸管理に関して経験と能力がある投資家の場合、入居者募集のみを管理会社に依頼する方法もあります。この場合、1つの管理会社に依頼する方法もあれば、複数の会社に依頼することも可能です。

　さらに、後に紹介するように、投資家が管理会社に部屋を賃貸し、管理会社がその部屋を第三者の入居者に貸す（また貸しする）、「サブリース」によって、空室を保証するサービスなどもあります。

管理会社の選択のポイント

　どのような業務を賃貸管理会社に依頼するのかが明確に見えてきた段階で、管理会社を選択します。

　選択する前提として、「客付け力」「家賃徴収力」「クレーム対応力」「掃除等の管理能力」「リフォーム力」「点検力」など、それぞれの会社の強みを調べることも大切です。そのためにも、地元の投資家の親睦団体などに入って、各社の評判を収集したり、担当者と面談をすることも重要でしょう。

　当然、黒字経営を実現するためには、コストも重要ですから、複数の会社から絞り込む際には、管理委託料の相見積もりを取って、比較することも肝要です。

PART3 のポイント

ポイント❶

　不動産を購入するまでには、物件の検索や紹介から始まって、不動産会社の選択や現地調査、買い付け・融資の申し込みなど、一連のプロセスがあります。

　まずは、自分なりの投資目的や購入物件のイメージを持ち、それに沿って物件探しをすることがスタートとなります。

　物件探しをする際だけでなく、金融機関から融資を受けるときにも、不動産会社との上手な付き合い方が重要になるでしょう。

ポイント❷

　取得する投資物件には、物件のタイプや構造、物件が立地するエリアなど、さまざまな種類があります。まずはその条件を確認することが大事です。

　そのうえで、物件選びの重要な決め手となるのは、現地での実際の調査です。できるだけ多くの物件を選んで、十分に自分の目で物件のある街の環境や土地の状況、物件の建物などを細かく観察して決定を下さなくてはなりません。

ポイント❸

　これぞという物件が現れたら、スピーディーに買い付け申し込み書を出して、不動産会社に購入の意思を伝えます。人気のある物件には、多くの買い付け申し込み書が集まります。

　この際、事前に金融機関に融資の打診を行っておき、ローンを利用することについて問題がないという内諾を得ておくことも重要なプロセスです。

　また、売主と売買についての合意ができたら、後にトラブルが起きないよう、売買契約書の内容も細かくチェックしましょう。

　さらに、安定した賃貸経営を続けるには、日々の管理業務はおろそかにできません。自分の経験や能力を踏まえつつ、管理会社の強みも判断材料にしながら、依頼する管理会社を選択します。

PART 4

利益の出る物件を手に入れる「極意」

Chapter 1
物件概要書で物件を見る目を鍛える

Chapter 2
持つべき物件は都心か地方か

Chapter 3
物件構造の選択のポイントは？

Chapter 4
ワンルームかファミリータイプか

Chapter 1
物件概要書で物件を見る目を鍛える

利益の出る物件を探し出すためには目利き力を養わなくてはなりません。その身近なトレーニングは、不動産会社の提供する資料（物件概要書）をたくさん読み、読解力を身に付けることです。

利益の出る物件を手に入れるためには

　不動産投資の成否は、一にも二にも「利益の出る物件」を手に入れることができるかどうかにかかっています。
　そのためには、より多くの物件に接し、多くの経験を重ね、優れた物件を見極める目を養うことです。
　ただすぐにそうしたプロの目を身に付けることは、なかなかできません。そこで「利益の出る物件」を手に入れる近道は、信頼できる不動産会社を早く見つけ、信頼関係を作ることです。

物件概要書を見て目利き力を養う

　信頼できる不動産会社を見つける極意については後述しますが、まずは自分の目を鍛えるためにどうしたらよいのでしょうか。
　そのための最も手近なトレーニングは、多くの物件概要書（不動産会社の資料）を見ることです。
　物件概要書とは、物件の所在地、利回り、想定家賃収入額、築年数、建物の構造、面積、用途地域や道路付けなどの詳細が示されている資料の通称ですが、物件の善し悪しは、物件概要書から、ある

程度は判断できます。

ただし注意すべきは、物件概要書に載せられた情報が、すべて事実であると考えてはならないということです。これらの情報をたくさん見ることで投資すべき不動産を考える目利き力が養われます。

物件概要書「読解」のポイント

物件概要書を見る場合の、注意すべき点に触れておきましょう。主なチェックポイントは、以下の6つです。

①価格
②利回り
③築年数
④建物の構造
⑤建物の面積
⑥土地の面積

①価格

価格については、あくまで物件の価格です。このほかに物件価格の7％程度の諸経費（仲介手数料・司法書士手数料など）がかかることを計算に入れておきましょう。

②利回り

記載されている利回りは、実質利回りではなく表面利回りが多いです。実質利回りは、計算し直す必要があります。

③築年数

築年数については、融資を受ける関係から「耐用年数」と対比して見るくせを付けます。融資（ローンの借入期間）は基本的に耐用

年数に応じて行われるからです。

④建物の構造

建物の構造（耐用年数）は、鉄筋コンクリート造47年、鉄骨造34年、木造22年です。築25年の鉄筋コンクリート造の場合、「47 − 25 = 22年」となり、ローンの借入期間は22年以内となります。

また、建物では、耐震性や容積率も重要なチェック項目です。容積率超過など建築基準法に違反していれば、融資を受けることが難しくなります。

⑤建物の面積　⑥土地の面積

建物の面積、土地の面積が広いほうが資産価値が高く、銀行の評価が高いので融資を受けやすくなります。

物件概要書読解のチェックポイント

Premium Value Bank Co., Ltd.

■物件名称　【プレミアムバリューサンプル】

■価格　100,000,000円　　■想定利回り　10.00%

※イメージパース・写真と現況が異なる場合は現況を優先します。

■概要					
■物件タイプ		1棟収益物件			
■所在	地番	東京都○○市○○町○番○、○番○　計3筆			
	住居表示	東京都○○市○○町○丁目○番○号			
■交通		JR○○　　　　線　　　　○○　　　駅　徒歩　10　分			
		線　　　　　　　　駅　車　　　分			

■土地					■建物	
■権利形態		所有権			■建築確認番号	
■面積	公簿	397.08㎡	120.11坪		■検査済証	
	実測		0.00坪		■用途	共同住宅
■土地面積（Total）		セットバック	0.00㎡	0.00坪	■構造・規模	鉄筋コンクリート造　地上2階
		Total	397.08㎡	120.11坪	■戸数	住居20戸
■都市計画		市街化区域			■駐車場	有
■用途地域		第一種住居地域			■エレベーター	有
■建蔽率	法定	60	%		■建築面積	0.00坪
	許容				■延床面積	535.95㎡　162.12坪
■容積率	法定	200	%		■専有面積	0.00坪
	許容				■竣工	平成10年　12　月
■防火					■権利	所有権
■日影					■間取り	1K×20戸
■高度地区					■引渡	
■その他					■備考	
■接道状況		南東　側　公道　幅員　4.00m				

■備考				
	■年間想定収入		10,000,000円	
	■路線価		130,000円/㎡	
	■積算価格	土地	51,620,400円	
		建物	57,015,957円	20万円/㎡
		合計	108,636,357円	

株式会社プレミアムバリューバンク
Premium Value Bank Co., Ltd.
〒107-0061　東京都港区北青山3-6-7　パラシオタワー4F
TEL 03-5766-7833　　FAX 03-5766-7738
宅地建物取引業　国土交通大臣(1)第8397号　　賃貸住宅管理業者　国土交通大臣(1)第861号

【売主】

PART4　利益の出る物件を手に入れる［極意］

Chapter 2
持つべき物件は都心か地方か

物件を都心に求めるのか、郊外や地方で探すのかは、投資戦略の重要なポイントです。また人口動態は、投資場所の選択に大きく影響します。その町の人口の動きなど、幅広く調査したいものです。

あれか、これかの選択

　不動産投資を考える際に、「あれか」「これか」という選択を迫られることがたくさんあります。

　大都市か、地方か。木造か、RC造かなどの選択が、しばしば論議されます。

　いずれも決定的に、どちらかが有利で、どちらかが不利というわけではなく、それぞれメリット、デメリットがあるのですが、重要なことですので、自分の投資目的に合わせて十分に考えて決めるべきです。

人口の動きに注目する

　首都圏や首都圏に次ぐ大都市圏（関西圏）に投資すべきか、地方にすべきか、迷う投資家は多く存在します。

　首都圏や地方といった広域で考える際に、ぜひとも調べてみたい項目として、そのエリアの人口の動き（人口動態）があります。

　日本は2008年をピークに、人口が徐々に減り始めています。とはいえ、今日明日で何かが劇的に変化するというわけではないので

すが、投資しようと考えているエリアの、これからの人口の動きがどうなるかには、関心を持ったほうがよいでしょう。

都道府県別人口増減率

人口増減率順位	都道府県	人口増減率 平成26年	人口増減率 平成25年	人口増減率順位	都道府県	人口増減率 平成26年	人口増減率 平成25年
－	全　　国	－0.17	－0.17	24	奈 良 県	－0.54	－0.46
1	東 京 都	0.68	0.53	25	福 島 県	－0.55	－0.79
2	沖 縄 県	0.40	0.44	25	佐 賀 県	－0.55	－0.45
3	埼 玉 県	0.23	0.14	27	北 海 道	－0.56	－0.54
4	神奈川県	0.19	0.13	28	長 野 県	－0.57	－0.48
5	愛 知 県	0.17	0.21	28	宮 崎 県	－0.57	－0.50
6	千 葉 県	0.08	－0.04	30	富 山 県	－0.58	－0.60
7	福 岡 県	0.03	0.09	31	福 井 県	－0.63	－0.53
8	宮 城 県	－0.00	0.11	31	大 分 県	－0.63	－0.59
9	滋 賀 県	－0.03	0.09	33	鳥 取 県	－0.64	－0.71
10	大 阪 府	－0.15	－0.08	34	愛 媛 県	－0.69	－0.68
11	広 島 県	－0.23	－0.30	35	鹿児島県	－0.70	－0.59
12	栃 木 県	－0.29	－0.29	36	山 梨 県	－0.72	－0.60
12	京 都 府	－0.29	－0.29	37	新 潟 県	－0.74	－0.70
14	兵 庫 県	－0.30	－0.24	37	長 崎 県	－0.74	－0.78
15	岡 山 県	－0.31	－0.30	39	徳 島 県	－0.76	－0.75
16	石 川 県	－0.32	－0.30	40	岩 手 県	－0.78	－0.66
17	群 馬 県	－0.38	－0.43	40	島 根 県	－0.78	－0.68
18	熊 本 県	－0.39	－0.32	42	山 口 県	－0.80	－0.77
19	茨 城 県	－0.43	－0.41	43	和歌山県	－0.85	－0.84
19	三 重 県	－0.43	－0.39	44	山 形 県	－0.92	－0.90
21	香 川 県	－0.45	－0.36	45	高 知 県	－0.96	－0.89
22	静 岡 県	－0.47	－0.31	46	青 森 県	－1.08	－1.04
23	岐 阜 県	－0.50	－0.48	47	秋 田 県	－1.26	－1.18

出典：総務省「平成26年10月1日現在」

人口が減るエリア、増えるエリア

　2014年10月の調査で見ると、全国47都道府県のうち、40道府県で人口が前年比で減少しています。

　人口の減少が最も多かったのは秋田県（1.26％減少）、次いで青森県（1.08％減少）でした。全国平均は0.17％の減少です。

　しかし、なかには人口が増えているエリアもあります。

　多い順に挙げると、東京（0.68％増）、沖縄（0.40％増）、埼玉（0.23％増）、神奈川（0.19％増）、愛知（0.17％増）、千葉（0.08％増）、福岡（0.03％増）となっています。

　減少しているエリアの中でも、県庁所在地などの中心都市では増えている傾向もあります。1つの指標として参考にしましょう。

　また、エリアは、賃貸市場、売買市場に関わらず、経済状況、需要と供給、賃料の動向などの諸条件をもとに総合的に考えていく必要があります。

　例えば賃貸市場における首都圏エリアについて見ていきましょう。首都圏は、今後、経済状況が悪化しても、地方からの人口流入は続くと考えられます。したがって、単身者向けの賃貸物件は影響を受けにくいと考えられます。半面、オフィス向けの物件は経済状況の影響を大きくこうむるでしょう。

　また、全国的に人口減少下にあっても、首都圏は例外的に増え続け、一定の需要はあり続けるため、これまで同様、特に新築物件は増えるでしょう。ただし、競合物件との競争が激化するため、賃料は低下することも考えられます。

　一方で、賃貸市場における地方都市エリアはどうでしょうか。

　地方都市に関しては、企業城下町など、産業に依存するエリアなどは経済状況の影響を強く受けると考えられます。

　さらに、人口減少、若者流出に伴い、賃貸物件の需要は減少し、かつ、新築物件は増えづらい傾向にあると言えます。ただし、競合

物件との競争が激しくないため、逆に家賃は安定化に向かうことも考えられます。

次に、売買市場においても見ていきましょう。

首都圏に関しては、資産家、企業、ファンド、外国人投資家をはじめ、旺盛な需要（プレイヤー）に引っ張られ、供給（開発）は進むと考えられます。一方で、地価が高いために、利回りが低い傾向にあります。

地方都市は、首都圏とは異なり、需要（プレイヤー）は地主、地元企業、サラリーマンが主体のため、今後は需要が増えず、開発は進みにくいと考えられます。一方で、地価が安いために、利回りが高い傾向にあります。

地価の動きをエリア選択の参考に

もう1つ、不動産を購入するエリアを選択するうえで考えておきたいことがあります。建築単価に比べて、エリアごとで大きく変わる、地価の動きを参照することです。

不動産には一物四価とも言われるように、4つの異なる価格が存在します。すなわち、実勢価格、公示価格、相続税評価額（路線価）、固定資産税評価額の4つです。それぞれについて確認しておきましょう。

①実勢価格

実際の不動産取引で売買される取引価格のこと。すなわち不動産の「時価」を表します。最新の取引事例を参考にしています。

②公示地価

一般の土地の取引価格に対して指標であるとともに、公共事業用地の取得価格（補償金）算定規準となる評価額。毎年1月1日時点

の土地を算定した価格で、3月に国土交通省によって公表されます。

③相続税評価額（路線価）

相続税・贈与税の計算を行うための算定基準となる評価額。毎年1月1日時点のものを国税庁が算定した価格で、公示価格の約8割と言われています。8月上旬ごろに公表されます。

④固定資産税評価額

固定資産税を課税する際の基準となる評価額です。各市町村が、3年ごとに評価替えを実施。評価替えの年を「基準年度」として、その前年1月1日を基準に算定。公示価格の約7割です。

このように、国や自治体の課税などを目的に、独自の基準で地価は価格査定されています。実勢価格や公示価格などをもとに、人気のエリアなどを調べることができます。

不動産の価格査定法

ちなみに、こうした不動産価格を査定する方法には以下の3つがあります。原価法、取引事例比較法、収益還元法です。それぞれの特徴を見てみましょう。

①原価法

対象不動産をもう一度建築した場合のコストから、経過年数や現況に応じた減価修正を行って、価格を決める方法です。主に土地や戸建、投資物件の査定価格を算出する際に用いられます。

②取引事例比較法

対象不動産と同等の条件の不動産の取引事例の価格と比較をしつ

つ、市場動向などを踏まえて調整を行ったうえで、不動産価格を査定する方法です。マンションや土地、戸建、投資物件の査定価格を算出する際に用いられます。

③収益還元法

対象不動産が将来生み出すだろう純利益と現在価値を総合し、査定価格を算出する方法です。特に、投資物件の査定価格の算出において多く使われる価格査定手法と言われています。

1年間の純利益を表面利回りで割って、収益価格を求める「直接還元法」と、対象不動産が所有している期間内に得られる純利益を現在価値へと換算したDCF（Discounted Cash Flow）方式の2つがあります。

Chapter 3
物件構造の選択のポイントは？

物件の構造や築年数は、金融機関の融資を利用する投資家にとって、非常に重要な要素になります。加えて、構造は賃料にも影響してきますから、入居者目線でも考えたい要素です。

物件の構造は利回りに直結

　物件の構造は、金融機関からの融資や利回りに大きな影響を与えます。

　物件は構造によって法定耐用年数が異なります。耐用年数とは減価償却費の算定基準として国税庁が示しているもので、「資産の種類」「構造」「用途」別に税法で規定される法定耐用年数が詳細に定められています。

　住宅用の法定耐用年数は、木造が22年、軽量鉄骨造（3mm以下）が19年、軽量鉄骨造（3mm以上、4mm以下）が27年、鉄骨（S）造（4mmを超えるもの）が34年、鉄筋コンクリート（RC）造、鉄骨鉄筋コンクリート（SRC）造が47年と決められています。

　金融機関からの融資を受ける場合には、この法定耐用年数は決定的に重要になります。というのも、一般的に多くの金融機関は、この年限を超える融資を避ける傾向にあるからです。

　もちろん、法定耐用年数が建物の寿命を表すものではありませんが、「耐用年数−経過年数」を融資期間にしている金融機関が少なくありません。

融資期間が短くなれば、キャッシュフローが悪化することは明らかです。したがって、融資の利用を前提に、不動産投資を行いたいと考えている投資家にとっては、法定耐用年数が長い構造、すなわちRC造が有利と考えることができます。

入居者目線に立って考える

　賃貸経営という視点では、入居者目線に立って考えることも重要です。例えば、プライバシーを守る防音性の観点で考えれば、木造に比べてS造やRC造のほうがよいでしょう。一方、賃料という点で言えば、RC造よりも、木造アパートのほうが安価な場合が多いと言われています。

　また、部屋の面積が同じでも、RC造は柱などが部屋の中に占める割合が高いため、木造アパートに比べて狭く感じるという特徴もあります。

経年劣化の違い

　固定資産税や修繕費用も構造によって大きく異なります。RC造に比べて、木造のメリットは、固定資産税が安く済むという点にもあるでしょう。

　とはいえ、固定資産税が安いのはそれだけ建物に耐用性がなく、劣化が進むスピードが速いという意味でもあります。

　ただし、例えば水回りのリフォームや修繕の必要性が出てきた場合に、木造は構造的に配水管なども外から見えることがほとんどですから、修繕しやすく費用もそれほどはかかりません。

　木造のメリットはそうした点にありますが、一方、長期にわたって保有し、かつ家賃を安定的に得ようと考えるならば、RC造が有利になります。

Chapter 4
ワンルームか
ファミリータイプか

何事にも長所と短所があります。ワンルームにするかファミリータイプにするか、大いに悩むところですが、それぞれに良い点、悪い点があります。自分の投資戦略に合わせて選択しましょう。

投資対象としてどちらがいいか

　入居者は間取り図を眺めながら、さまざまな生活をイメージするものですが、投資物件を選ぶ際に重要な材料となるのも、この間取りです。
　というのは、ワンルームタイプか、ファミリータイプか、どちらを選ぶかによって、投資戦略が異なってくるからです。
　どちらを投資として選んだら良いかは、投資家本人の投資方針によって決まりますが、どちらにも長所、短所があります。

収益性の良いワンルーム

　ワンルームタイプの良さは、まずその収益性にあります。これは単純に数字の比較から言えることです。
　例えば、ここに20㎡のワンルームと、60㎡のファミリータイプがあったとして、そのエリアでは20㎡の物件の家賃相場が4万円の場合、60㎡の物件は8万5000円ほどです。
　床面積はファミリータイプはワンルームに比べて3倍ほどになるのですが、だからといって家賃も3倍にはできません。ワンルーム

で4万円の3倍、12万円の家賃を取ろうとしたら、入居者は現れないでしょう。

したがって、単位面積当たりの家賃単価は、ワンルームタイプのほうが高いわけです。

当然ながら、入居者が退去した後で行うリフォームも、面積の少ないワンルームタイプのほうが安く済みます。

同じ土地面積に建てる場合に、各部屋の床面積の少ないワンルームタイプのほうが、部屋数は多くなり、それだけ多くの家賃収入が見込まれます。

需要も単身者のほうが多いために、ワンルームは各地で建てられましたが、それによって供給過剰になっている地域もあります。

また、単身者の需要が多いということは、ファミリータイプに比べて、入居と退去のタイミングは早く、契約の更新時が退去のきっかけになりやすいという特徴もあります。

さらに、退去の理由の1つである卒業や転勤のシーズンに、入退居のタイミングが集中する傾向にありますが、その半面、次の入居者が比較的早く決まる場合が多いという特徴があります。

近年、入居者に人気のあるワンルームはバストイレが別タイプで、トイレや洗面台と浴室が一緒になった3点ユニットは敬遠される傾向があります。

また、室内洗濯機置場があるか、床はフローリングかなどもポイントになるほか、最近は25㎡ほどの広い部屋に人気が集まっています。空室を防ぐためには、こうした時代の傾向をつかむことも重要です。

ファミリータイプの良さ

　一方、ファミリータイプはいったん入居すると、子どもの教育などの家庭環境もあって、単身者と違って簡単には退去しません。
　そのため、ワンルームよりは、長期間、安定した家賃収入を見込めるというメリットがあります。
　ただし、対象となる入居者は長く住むことを前提に物件を決めるため、一度空室になると次の入居者がなかなか決まらない場合も多いというデメリットもあります。さらに部屋が広いことに加え、長年住んだことによる室内の損傷も目立つため、修繕費用はワンルームに比べてかさみます。また、修繕が完了するまである程度の日数を要します。
　ほかにも、分譲マンションや一戸建てなどが競合物件となるので、高い品質を維持しなければならず、設備への投資も欠かせません。さらに地域ごとで求められる部屋の広さも変わってきますが、長く住んでもらうためには、子どもの成長にも対応できる３ＬＤＫタイプに人気が集まる傾向があります。
　併せて、家族が対象ですから、ワンルームに比べて駐車場の確保も重要になります。なかには駐車場２台が必要な場合もあります。間取りも含めて、どういう家族が対象になるのかを、綿密に考えて投資物件のタイプを選ぶことが重要です。

PART4 のポイント

ポイント①

　不動産投資を成功させるには、何よりもその物件が、金のなる木、収益の出る物件であることが決め手になります。そのためにも、投資家自身の物件を選ぶ目を鍛えることが重要です。

ポイント②

　物件を選ぶ目を養うことは、投資家として、当然身に付けていなくてはならない必須の条件です。投資家自身がその目を持っていなければ、自信を持って購入することもできず、購入後の経営も十分にできません。とはいえ、物件を選ぶ目を養うことは、一朝一夕にはできません。毎日毎日のトレーニングの積み重ねから、実現できるものと考えましょう。

　1つの方法としては、物件概要書をたくさん読むことです。物件概要書には物件情報が詰め込まれています。その情報を集め、分析し、仮に購入する対象としてシミュレーションを行い、購入する理由、あるいは購入しない理由を明確にするなどのトレーニングを繰り返すことによって、物件を見る目は次第に培われていきます。

　さらに、将来動向を見据え、不動産価格を参考にしながら、エリア選択をする重要性についてもまとめました。

ポイント③

　この章では、物件概要書を読解する際のヒントとして、不動産投資の種類別に、そのメリットとデメリットについてもまとめました。物件の構造、ワンルームかファミリータイプかなどについて、ポイントを整理しましたので、物件概要書を見る際に常に念頭に置きながら、読むくせを付けましょう。

PART 5

失敗しないための不動産投資リスク「戦略」

Chapter 1
購入時のリスクを回避する

Chapter 2
入居者に関わるリスクを回避する

Chapter 3
空室リスクを避けるには

Chapter 4
金利上昇リスクの考え方

Chapter 5
災害リスクにどう対応するか

Chapter 1
購入時のリスクを回避する

多くのメリットがある不動産投資をより確かなものとするために、不動産投資特有のリスクを十分に知り、対策を考えておくことが重要です。購入時のリスクから見ていきましょう。

「入居者が決まりにくい物件」は買わない

　購入時のリスクで最も大きなものは、収益をもたらさない、良くない物件を買ってしまうことです。
　決定的に良くない物件とは、入居者が決まりにくい物件です。決まらない理由には、後述するようにさまざまあります。
　理由はどうあれ、入居者（賃料）あっての不動産投資です。入居者が決まらずに空室ばかりのアパートやマンションでは、毎月のキャッシュフローが赤字の連続になってしまいます。
　さらに不動産投資は、扱う金額が大きいという特徴もあります。加えて、多くの場合、金融機関からの融資を利用して、物件を購入することになります。つまり、多額の借金をしなければいけないということです。
　もし、ローンの支払いが滞り、返済ができなくなってしまえば、物件の売却や、競売を覚悟しなければならない場合も出てきます。最終的に借金だけが残ってしまうという、最悪の事態を招くリスクもあるのです。
　さらに、高い投資目標を設定した場合、投資家は多くの物件を購

入する必要が出てきます。当然、ワンルームマンションのような小規模の賃貸経営では生じない、大きなリスクを抱えているという点も考えなければいけません。

安定的に経営できれば、定期預金や国債をはじめとしたローリスク・ローリターンの金融商品に比べて、多くのリターンを手にすることができますが、経営が破綻すれば、資産を失ってしまうリスクがあります。

まずは、このリスクとリターンの関係をしっかりと頭に入れておく必要があります。

「物件を見る目」を養うことが大切

前にも触れましたが、不動産は「しまった」と思って手放そうとしても、右から左にすぐ売却できる性質のものではありません。つまり、即座に換金することが難しい商品なのです。

このように、流動性が低いこと自体もリスクの1つに挙げることができるでしょう。

それだけに、購入に際しては十分に調査しておきたいものですが、調査したつもりでも、良くない物件を買うリスクは常にあります。

結局、「良くない物件」を買ってしまうリスクを避けるには、経験を豊かにするしかありません。

つまり、購入前に見るエリアや物件のチェックをできるだけ多くして、「物件を見る目」を養うことです。

もう1つ大切なことがあります。

それは、不動産会社の選別です。

そもそも、良くない物件を紹介する不動産会社と付き合わなければ、事前に、このリスクから逃れることができるからです。

このことからも、不動産会社は、十分に吟味して選ぶ必要があると言えるでしょう。

物件を見る目だけでなく、過去の実績などから、安心できる不動産会社を見極める「目利き力」も求められます。

立地するエリアの判断が欠かせない

投資目的を明確にし、「物件を見る目」が養われれば、明確な基準を持って、物件を判断することができるようになります。

まずチェックすべきは、エリアです。不動産投資をするのに適した地域かどうかを適切に判断することが求められます。

それぞれのエリアには長所もあれば短所もあります。意外に思われるかもしれませんが、あまり長所を高く評価しすぎるのも考えものです。状況が変われば、長所は逆に欠点に転じてしまう場合も少なくありません。

例えば「企業城下町だから安心だ」「大学のキャンパスがあるから学生が入居してくれる」といった思い込みはその典型です。

確かに現状ではそうかもしれませんが、その前提が崩れたらどうでしょう。賃貸需要は一気に下がります。

実際、工場の閉鎖・海外流出、大学キャンパスの都心回帰といった、思わぬ事態を機に、入居者が激減してしまった地域も少なくないのです。

まずは、地域の不動産会社などを回って、情報収集することが必要です。同時に次のような観点をもとにエリア調査を行うことも重要です。

- スーパーマーケットやクリーニング店など、生活に便利な店舗は充実しているか
- 客付けしてくれる不動産会社は多いか
- 生活するうえでマイナス要素（騒音、異臭、危険ゾーンなど）はないか

建物のリスクは回避しやすい

　2015年、横浜市都筑区のマンションで杭打ちデータの偽装に伴う、建物の傾斜問題が発覚しました。

　マンション自体の建て替えも検討されているようですが、このように不動産投資には建物自体のリスクもあります。

　もちろん、こうした問題は、大規模マンションに限った話ではありません。いくら立地が良くても、物件自体に何らかの問題があれば、建て替えは極端にしても、修繕などをする必要が出てきます。

　余計な出費を回避するためにも、購入前の入念なチェックが欠かせません。

　建物の傾斜も、日々の暮らしに問題がない程度であればいいのですが、傾いているのが実感として分かるレベルであれば、購入は回避しましょう。

　物件調査の際には、物体の地面に対する角度や傾斜を図る「水準器」などで確認することをお勧めします。

雨漏りは致命的な欠陥

　物件調査では、雨漏りの危険性がないかという点も重要です。

　雨漏りが原因で、柱が腐食してしまっていることもあるからです。こうした物件は構造体の劣化が進み、建物自体の寿命にも影響してきます。雨漏りは致命的な影響を物件にもたらす可能性があることを強調しておきたいと思います。

　屋上にのぼり、床の状態をきちんとチェックするなどして、過去に屋上から雨漏りをした形跡がないかを確認する必要があります。自分で確認できない場合には、専門家に診断してもらうのも手でしょう。

　ほかにも、外壁のひび割れのチェックも欠かせません。構造体に

影響しているような場合もありますし、なかにはそうしたひびから雨水が入り込んでしまっている物件もあります。

　また、築年数の古い物件の中には、水回りで問題が潜んでいるリスクがあります。配管が傷んでいる場合です。

　もしここでトラブルが顕在化すると、後の工事費がかさみます。

Chapter 2

入居者に関わるリスクを回避する

購入後のリスクとして、まず対処しなければいけないのは入居者に関わるリスクです。入居者を審査するなど、事前に対策を講ずることで、トラブルや家賃滞納などの問題を予防します。

日常的に発生する入居者リスク

　入居者に関するリスクでは、物件内で事件を起こしたり、家賃を滞納したりといったケースがよく発生します。

　事件と言っても、ペットを飼う、楽器を鳴らす、といったたぐいから、刑事事件などの発生までさまざまあります。

　孤独死や自殺など、人が死ぬような大きな事件はともかく、日常的に発生するのは騒音やゴミ、ペットの問題、入居者同士のトラブル（喧嘩）などです。

　そうしたリスクが発生することで、なかなか入居者が決まらず、空室が埋まらなかったり、あるいは入居していても、すぐに退去してしまったりといった事態が発生します。入居者リスクは、経営問題にも関係するのです。

まずは厳格な入居者審査から

　このリスクへの対処としては、入居者の審査を厳しくすることです。誰でもいいから早く入居を決めたいというのではなく、トラブルを生むような人物を入居させることは、できるだけ避けるように、

管理会社とよく相談しておかなくてはなりません。
　一般的に入居者審査のポイントとしては、次のようなものがあります。

　①年収
　②職業
　③連帯保証人（続柄）

①年収
　支払い能力をチェックするためにも年収は重要な審査ポイントになります。標準的には「家賃＝年収の３分の１」とも言われていますので、年間家賃の３倍以上の年収があるかどうかを目安にします。なかには、滞納リスクへの予防を重視しようと、より厳しめに、４倍以上の年収があるかないかを基準にする投資家もいます。

②職業
　入居者が安定した収入があるかどうかは投資家にとって気になる情報でしょう。定期収入がある人なのか、より具体的には正社員か、派遣や契約社員であるか、フリーターであるかを確認して、入居者としてふさわしいかどうかを判断します。

③連帯保証人（続柄）
　一般的には親を中心に、親族が連帯保証人になるケースが多いでしょう。勤務先の関係者が連帯保証人になる場合もあります。滞納リスクを考えれば、連帯保証人は本人と同等以上の収入があることが望ましいでしょう。
　ただし、最近は連帯保証人に代わって、家賃保証会社への加入を求める場合も増えています。

「割れ窓理論」を徹底する

　入居者審査を含めて、一連の管理業務は、不動産管理会社に委託するケースがほとんどです。トラブルへの対処法も含め、しっかりとした対応をしてくれる不動産管理会社を選ぶことも重要です。

　もう1つの対処としては、入居者による騒音やゴミ、落書きなどで、事が小さなうちに、素早く解決しておくことです。

　本書にもご登場いただいている投資コンサルタントの石原博光さんも強調されていることですが、これは「割れ窓理論」と呼ばれるもので、例えば1つの落書きを放置することで、別の迷惑行為を誘発し、さらにはもっと大きな迷惑を生むような環境を作り出してしまう結果になるのです。

　アパート経営やマンション経営では、普段から特に共用部をきめ細かく観察します。

　そうして、ゴミが落ちている、放置自転車がある、禁止のペットがいるようだ、楽器を鳴らす人がいる、といった小さな「異変」に気づいたらできるだけ早く対策の手を打ち、迷惑行為を芽のうちに摘んでしまうことが重要です。

　不動産管理会社には、そうした早期対応を積極的にしてくれるかどうか、契約前に確認することも重要です。

「家賃滞納」も早期に対応すべき

　家賃の滞納も、早めに手を打たなくてはなりません。

　家賃が支払われないまま、居すわられたり、夜逃げされたりしたのでは、不動産投資の根本が崩れてしまいます。

　しかも滞納は「未収金」として計上されますから、課税所得となります。投資家としては二重の痛手をこうむることになります。早急に解決しなくてはなりません。

これを防ぐには、以上で述べたのと同じように、入居者の審査を厳しくすることが、まず必要です。

会社員なら、職種、会社名、年収、勤続年数などを確認することによって、ある程度、家賃滞納のリスクをチェックすることができます。

ただ、現実に滞納が起きた場合には、本人への督促の連絡（電話、書面など）、契約者の連帯保証人への連絡などの対応をしなくてはなりません。

とはいえ、このような入居者審査は大変重要ですが、あまり審査を厳格にしすぎると、客（入居者）に敬遠される場合もあります。地域特性に応じ、かつ管理会社と相談しつつ、全体のバランスを見ながら対応することが大切です。

家賃滞納保証サービスを利用する

しかし、これは手間のかかる作業であり、面倒でもあります。

そこで、家賃滞納保証会社のサービスを利用することによって、この手間を回避する方法もあります。

このサービスを利用すれば、入居者に家賃の滞納などが発生した場合に、家賃保証会社が代位弁済という形で、費用負担をしてくれます。

必要な保証料は、物件や家賃保証会社によって異なりますが、おおむね家賃の30〜70％程度です。この保証料に関しては、入居希望者が払う場合もあれば、投資家が支払うこともあります。

Chapter 3

空室リスクを避けるには

不動産を所有している間、常に留意しておかなくてはならないリスクが空室リスクです。空室リスクを極小化するために、良好なエリア・物件の選定、物件管理などが必要になります。

常に存在する空室リスク

　不動産投資において、最も大きなダメージを与えるのは空室リスクです。家賃収入のあるなしに関係なく、管理費や税金などの経費は継続しますから、空室が多くなると支出が収入より多くなることもあります。

　このリスクは常に存在します。現在満室でも、明日、入居者が退去を申し出るかもしれないからです（借主は通常1カ月前に予告）。

　したがって、空室リスクは不動産投資においては、当たり前のことと考えなくてはならず、満室であっても空室リスクを頭に入れながら経営に当たる必要があるのです。

不動産管理次第で、空室リスクを解消

　空室リスクを極小化するためには、まず入居者に人気のある物件を持たなくてはなりません。

　しかし、なかには入居者に人気のある物件であっても、空室問題を抱えている物件があります。その場合は、ほとんど管理自体に問題があることも考えられます。

例えば、入居者が退去した後で、汚れた部屋のリフォームをしないなど、物件の魅力を維持、あるいは高める努力がないのです。

壁が汚れていたり、水回りから異臭がするような部屋では、誰だって早く退去したいですし、新しい入居者も現れません。

建物や部屋は、不動産投資にとって商品そのものです。

商品の魅力が引き立つよう、絶えず心配りするのと、気にかけないのとでは、客（入居者）を集める物件の力が大きく異なってくるのは当然です。また、その意味では不動産管理会社の管理能力も大きく影響してきます。

家賃の値下げは最終手段

空室が続くと、多くの投資家が家賃の値下げを考えます。

むろん、いつまでも空室のままで置いておくよりは、少々家賃を下げても部屋が埋まるならばそのほうがいいでしょう。しかし、安易に家賃を下げる方向で解決を図ると、デメリットも生じます。

家賃の価格と入居者の質は、一定の相関関係があると言われています。つまり、家賃を下げると入居者の質が落ちて、結果的に入居者トラブルや滞納案件が増えてしまう危険性もあるのです。

それよりは、むしろ入居者を募集する管理会社と相談して、部屋の魅力を高めるリフォームやリノベーションを考えるほうが、長い目で見て良い結果を招くことも多いでしょう。その方法はPART7で具体的に紹介します。

不動産「値下がり」リスクを逆手に取る

不動産の価値を絶えず高める努力を続けていけば、持っている投資物件の値下がりリスクを避けることもできます。

投資物件といえども、愛着を持ち、心配りして維持管理していか

なくては、空室率が高くなり、どんどん値下がりします。

不動産投資は家賃収入をもとに安定的な「賃貸経営」を続けることが重要ですが、なかには、売却（出口戦略）を考えて経営に当たる投資家もいるでしょう。その場合でも、やはり物件の魅力を高める、普段の経営努力が不可欠です。

例えば、2000万円で購入した物件を、15年後にローンが完済して売却した際、買値を下回る価格でしか売れないのか、逆に購入価格を超えた値段で売れるかは（そのときの市場状況にもよりますが）、基本的に、物件管理をきちんと行い、満室経営が行えたかどうかにかかっていると言えます。

というのは、不動産投資の場合、確かに建物の価値は年数とともに下がりますが、その不動産が生み出す収益がどうであるか、という「収益還元法」で実際の価値が計られるからです。

つまり、その物件の収益性がポイントになるわけです。築年数や路線価がどうかといったこと以上に、収益性がモノを言うのです。

建物の値下がりリスクを失くすには、一にも二にも収益性を高めていくこと、つまりきちんと管理して、商品の魅力を高め、いつも満室状態をキープしていくことです。

売却時に、これからも入居者の確保が確実視され、家賃が滞りなく入ってくると市場に認知させることができれば、築年数に関係なく高額で売れる可能性もあります。

建物の値下がりリスクは、良い立地、良いエリアの物件を手に入れることはもとより、こうした投資家の努力によって、十分に回避することができるのです。

流動性が低い不動産市場にも変化の波

なお、関連しますので、不動産の流動性が低い流動性リスクについても、触れておきましょう。

確かに不動産は株式市場などと異なり、「売りたい」と思ってもすぐに売却はできません。早くても１～２カ月はかかります。買い手が現れなければ、何年経っても売ることができない世界です。
　ただ、この流動性の低い不動産市場も、近年は投資家が増えたことや融資が付きやすくなったこともあり、次第に整備されつつあります。
　また、一般に流動性は低いという現状のリスクはありますが、前述のように行き届いた管理を行い、満室状態の物件を持っていれば、今日売却の申し込みをして、翌日には買い付けが現れることも稀ではありません。

サブリースで家賃を保証

　どんなに収益性を上げる努力をしても、一定の空室が出てしまうことは仕方がないことと割り切ることも大切です。その場合に、有効な対処法として、所有する物件数を増やすという方法もあります。
　極端な話、マンションの１部屋のみを所有したとすると、空室が出たとたんに、稼働率は０％になってしまいます。
　しかし、物件数を増やすことで、一部の物件に空室が出たとしても、全体としてある一定の稼働率をキープすることができます。
　ほかにも、投資家が管理会社に物件を賃貸し、その管理会社が第三者に物件を転貸借する、サブリースを利用する方法もあります。
　空室や入居者の家賃滞納などとは無関係に、管理会社から投資家に毎月賃料が安定的に支払われる仕組みです。通常の努力では、なかなか空室を埋められないような物件などでは利用してもよいでしょう。
　定期ごとに賃料の見直しなどが行われますから、契約内容はしっかりと把握することも重要です。

Chapter 4

金利上昇リスクの考え方

融資を受け、長期間にわたって不動産投資を行う投資家にとって重要なのが金利上昇リスク。日本でも今後は金利上昇も考えられる中で、これが不動産投資に与える影響について考えてみます。

現在の日本は「超低金利」時代

　不動産投資は、そのほとんどが金融機関からの融資を受け、レバレッジを効かせて行われます。
　金融機関からの借入金には、もれなく金利が課せられます。
　金利が上がれば当然、不動産投資ローンの返済額が大きくなり、収益が圧迫され、キャッシュフローが悪化します。
　金利の上昇は、不動産投資においては、大きなリスクにほかなりません。
　不動産投資には幸いなことに、現在の日本の金利（長期金利）は、欧米との比較においても超低金利となっています。不動産投資には適した金融環境だと言えます。

上昇リスクへの対策は必要

　ただし、いつまでこの超低金利が続くかは、経済情勢によります。アメリカは2015年12月にゼロ金利解除を決定し、利上げにかじを切りました。
　日本もデフレ脱却、2％のインフレを中心政策にしていますが、

景気の状況はとても長期金利を上げられるようなものではなく、現在の超低金利は当分の間、変わらないと考えてよいでしょう。

特に、2016年1月に、日本銀行によって「マイナス金利付き量的・質的金融緩和」が導入されたことで、空前の低金利時代を迎えています。

しかし、上昇するリスクがまったくゼロではありません。

金利が投資の重要なファクターである以上、上昇リスクに対して、あらかじめ対策を考えておくべきです。

時代の動向を読み「固定・変動」を使い分ける

金利には固定金利と変動金利があります。

固定金利は、当初決められた金利で、一定期間、変動しません。変動金利は、その都度、金利を見直して変わります。

一般的に変動金利のほうが、固定金利よりも金利は低くなります。

不動産投資では20年、30年の長期間のローンですから、この長い間で金利がどう動くのか、あるいは動かないのか、ある程度の判断をすることになります。これは人によってまったく異なります。

金融情勢がしばらく変わらないと考えるのであれば、金利の比較的低い変動金利を選び、今後は上昇していくと読んだら、現在の時点で返済総額が分かる固定金利を選びます。

金利が上がれば返済額も上がる

いずれにしても、金利が上昇したときのことも考えて、返済が滞らないような、無理のない資金計画を立てることが大切です。

一度、借入の金額や期間、自己資金とのバランスなどを勘案して、金利が上がったときのシミュレーションをしてみることも重要です。

事実、金融機関の中には、将来の金利の上昇を見越して、ある程度のリスク金利を想定して、試算する場合も少なくありません。その際のリスク金利としては、4％を想定することが多いようです。将来に備えるという意味で、投資家においても、個別に試算をしてみることは大事でしょう。

　ここで1億円の融資を受けた場合の、返済期間ごとの毎月の元利均等の返済額を見てみます。金利が1％上がるだけでも、月ごとの返済額は目に見えて変わってくることが分かります。

金利と融資年数

（元利均等払い）

金利	返済期間	返済額（月）
1.5%	20年	482,545円
	25年	399,936円
	30年	345,120円
	35年	306,184円
2.5%	20年	529,902円
	25年	448,616円
	30年	395,120円
	35年	357,495円
3.5%	20年	579,959円
	25年	500,623円
	30年	449,044円
	35年	413,290円
4.5%	20年	632,649円
	25年	555,832円
	30年	506,685円
	35年	473,256円

Chapter 5
災害リスクにどう対応するか

阪神・淡路大震災や東日本大震災は、不動産投資家にも大きな影響を与えました。地震国日本で避けられないリスクとして、災害リスクを踏まえた不動産投資のあり方について考えます。

建物の強度アップで大震災に対応

　日本は災害リスクがとりわけ高い国です。事実、首都圏直下型地震は避けられないと、専門家の間では指摘されています。文部科学省では南関東でM7クラスの地震が発生する確率は30年以内に70％と予測しています。

　南海トラフ巨大地震も同様です。2013年1月1日時点の南海トラフ巨大地震の30年以内の発生確率も、60～70％と予測されています。いつ大地震が起きても不思議ではありません。

　日本では阪神・淡路大震災、東日本大震災と大きな災害が起こるたびに、建物自体の強度や耐震構造などに対する関心が高まりました。

　木造よりは鉄骨の建物、さらにRC造、SRC造と強度は増していきますが、一般的にRC造、SRC造の建物であれば、地震にも強いと言われています。

　しかし、その建物がいつ建てられたかによって耐震性が異なりますし、東日本大震災では、千葉県の高級住宅地が液状化し、土地そのものが破壊されてしまったという事態も起こりました。

行政情報も幅広く取得

1981年、建築基準法施行令が改正され、いわゆる新耐震基準が導入されました。耐震性という観点では、この1981年以降に建てられた物件であるかどうかを1つの基準にするべきでしょう。

1981年以前の旧基準では、震度5程度の地震に耐えうる住宅と規定されていましたが、新基準では、震度6強以上の地震でも倒れない住宅と規定が改められました。すなわち、大規模地震も想定した基準に変えられたのです。

さらに、災害リスクに対応するには、地盤の強さや河川からの距離、最大規模の津波を想定した浸水予測などにも注目する必要があります。

現在は、各市町村によって、「地震ハザードマップ」「洪水ハザードマップ」「津波ハザードマップ」「建物倒壊危険度マップ」「揺れやすさマップ」「液状化危険度マップ」などが役所のホームページなどを通じて、情報提供されています。

購入を希望する物件のエリアの倒壊危険度、揺れやすさ、液状化の危険度などを調べて、物件購入の判断材料としましょう。

保険で災害に備える

ただし、危険度はある程度分かったとしても、自然災害はいつ、どこで発生するか、正確に分からないのも事実です。

実のところ、阪神・淡路大震災が発生した関西地方、東日本大震災が起こった東北の太平洋沿岸地方の災害危険度はそれほど高くなかったという指摘もあります。

では、こうした災害リスクに対しては、どのように対応すべきでしょうか。基本的には以下の各種保険によって備えます。

①地震保険
　②住宅火災保険
　③住宅総合保険

①地震保険

　東日本大震災を契機にして、いざというときの備えとして、地震保険に関心を払う投資家は増えてきました。
　まず押さえておきたいのは、地震保険は単独では加入することができないということです。火災保険の特約として加入することで、地震・噴火・津波による建物の損害がカバーされます。
　すべての損保会社が地震保険を取り扱っているわけではないものの、保険内容や保険料金は各社とも同じです。というのも、地震保険は国の法律に基づき、政府と保険会社が共同して運営する仕組みだからで、一度の地震につき6兆2000億円の保険金の支払いが保証されています。
　ちなみに保険料金は、地域（地震の危険度に応じて都道府県ごとに設定）と建物（RC造か木造かなど）によって変わります。
　地震保険の保険金額は、火災保険の建物評価額の30〜50％とされています。
　被害が「全損」と認められれば保険金額の100％、「半損」であれば50％、「一部損」であれば5％が払われます。これは液状化被害でも同様です。
　ちなみに、地震保険の種類は「建物」と「家財」で両方に加入する場合には、火災保険の「建物」「家財」の双方に付帯する必要があります。また、地震保険期間は最長で5年と定められています。

②住宅火災保険

　住宅火災保険とは、火災や落雷、爆発、風災、雪災などによって建物や家財に損害が出た場合に補償される保険です。

貸家の場合は、建物は投資家が、家財は入居者が契約します。また、管理組合がある場合は、共用部分や建物自体は管理組合が契約するケースが増えています。保険料は所在地や建物の構造、補償内容などによって変わってきます。保険期間が長期であるほど、掛け金は割安になりますが、2015年10月より保険期間の最長は従来の36年から10年に改められました。

③住宅総合保険

　住宅火災保険の補償内容に加えて、建物外部からの落下や衝突、水濡れ、騒じょう、労働争議、盗難、水災によって生じた損害を補償するのが住宅総合保険です。

　海や河川に近いエリアに物件を購入する場合などには、住宅総合保険への加入も視野に入れておきましょう。

全国への分散投資も有効

　地震保険は保険料も高いのでためらうところですが、いざというときには、保険金によってローン返済だけでもできる状況を用意しておきたいものです。

　ただ、保険は保険金がおりる条件など、契約内容を十分に確かめて入る必要があります。これは、火災保険など、通常のリスクに対応して保険に入る場合も同じです。

　地震や津波、噴火、台風といった災害リスクを回避するためには、東北、首都圏、関西圏、九州といった、全国の分散投資も視野に入れる必要があります。

　また、前述したように大きな地震を引き起こす危険性のある活断層、あるいは過去に洪水の被害の大きかったエリアなどを、あらかじめ調べて投資する必要もあります。

PART5 のポイント

ポイント❶

　不動産投資にはさまざまなリスクがあります。購入時のリスクとしては、「入居者が決まりにくい物件」を買ってしまうというリスクがあります。入居者が決まらずに、毎月のキャッシュフローがマイナスになれば、物件を手放さなければいけない場合も出てきます。そのためにも、購入前にエリアや物件を数多く確認し、物件を見る目を養うことが必要です。さらに、安易に入居者が決まりにくい物件を購入することがないよう、不動産会社の選別も重要です。

ポイント❷

　入居者リスクは日常的に発生します。このリスクを予防するためには、厳格な入居者審査や家賃保証会社の利用も有効です。同時に、入居者による騒音などの小さな「騒動」、ゴミが落ちているなどのちょっとした「異変」のうちに、迅速に対応することも求められます。家賃滞納への対処も同様です。実際に滞納があった場合には、早期に入居者本人や連帯保証人への督促を行います。

　また、空室リスクを極小化するには、賃貸需要がある優良な物件を持つことが鉄則です。さらには、安易に家賃の値下げを行うよりも、リフォームやリノベーションをはじめ、収益性を高めるための、投資家の努力も重要になります。空室や滞納があっても、家賃が保証されるサブリースを利用する手もあります。

ポイント❸

　長らく低金利が続いていた日本ですが、今後は金利が上昇する可能性もあります。金利の上昇は月々の返済額にも大きく影響します。金融情勢の傾向や今後の動向などを見ながら、固定金利・変動金利のいずれかを選択するのが鉄則です。また、金利上昇リスクなども視野に入れて選択することも重要です。

　併せて、地震国日本では災害リスクにも対応する必要があります。建物の耐震性はもとより、火災保険・地震保険の加入、全国への分散投資なども有効です。

PART 6

利益を最大化する融資「攻略」

Chapter 1
不動産投資の決め手は「融資」にあり

Chapter 2
どの金融機関に融資を申し込むべきか

Chapter 3
「融資の5原則」を知る

Chapter 4
事前にプランを立てる

Chapter 5
不動産会社の紹介を上手に活用する

Chapter 6
融資を受けやすい人の共通点

Chapter 1
不動産投資の決め手は「融資」にあり

効率的に不動産投資を軌道に乗せ、事業拡大するために必要不可欠なのが金融機関からの融資です。融資の必要性と、不動産投資を行う際のローン商品について見てみましょう。

なぜ、不動産投資に「融資」が必要なのか

　効率的に不動産事業を拡大していくためには、金融機関からの融資が不可欠です。

　なかには手持ちのキャッシュで物件を購入する場合もありますが、自己資金には限りがあります。

　短期間のうちに複数の物件を購入し続けることは難しいでしょう。しかし、金融機関から融資を引けば、これが可能になります。

　仮に1000万円のキャッシュを持っていたとしましょう。

　利回り10％で1000万円の物件を、融資を受けずに購入したら、この自己資金（1000万円）を回収するのに何年かかるでしょうか。10年です（ここでは便宜上、コストや費用は除いて考えます）。

　すなわち、同額の物件をもう1軒購入しようと、賃料をもとに1000万円を貯めようと思えば、10年という時間がかかってしまうわけです。

　では、金融機関から9000万円の融資を受けることができたとします。同様に利回り10％で、1億円の物件を購入したとしましょう。

　1000万円の自己資金を回収するのにかかる時間はどれだけでしょうか。たったの1年で済んでしまいます。

レバレッジを効かせれば短期間で拡大できる

前にも触れましたが、これがいわゆるレバレッジであり、ここに融資の最大の魅力があります。

つまり、**金融機関から多くの融資を引き出して、レバレッジを効かせれば、時間をかけずに、事業を拡大できるわけです。**

たとえ自己資金が少なくても、効率良く安定的に収入を増やし続けられるのです。うれしいことに、現在の日本は海外では考えられないほどの低金利です。

また、世の中には多くの投資形態がありますが、金融機関からの融資を受けられるのは不動産投資しかありません。

将来的な金利動向を予測するのは難しいのも事実ですが、少なくとも現在は不動産投資を行う条件が揃っていると言えます。

レバレッジで事業拡大が短縮できる

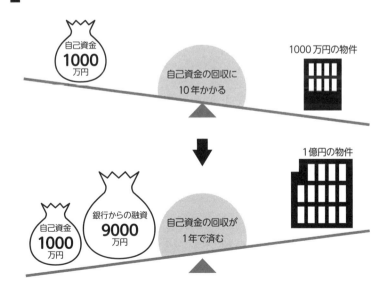

不動産投資の融資商品には2種類ある

　一般的に、金融機関で提供されている不動産投資の融資商品には2種類あります。アパートローンとプロパーローンです。

　アパートローンとは、サラリーマンをはじめ、不動産賃貸業以外の本業を持つ小口向けを対象にした、アパート・マンション取得のためのパッケージ型ローンです。

　各金融機関によって、「アパートマンションローン」「不動産投資ローン」など、独自の名称が付けられています。

　それぞれの金融機関によって融資金額、融資期間、金利・保証人などの条件が規格化されており、その基準をクリアさえすれば比較的容易に融資を受けることができます。その基準もきわめて画一的なため審査スピードが速く、経営能力などもほとんど問われません。

　アパートローンで最も重視される融資条件は「個人属性」です。

　医師や弁護士、公務員、上場企業の社員など、安定感がある職業が高い評価を受けるのは、通常の住宅ローンと同じです。

　勤続年数も長いほうが高評価を受けます。

　収入も重視されますから、源泉徴収票や確定申告書、納税証明書などの提出を通じて、過去3年程度の年収などが調べられます。

　ほかにも借入、貯蓄額、学歴、紹介者がいるかどうか、不動産投資の経験があるかどうかもチェックされます。また、アパートローンを取り扱う金融機関では、投資家に団体信用生命保険（団信）への加入を義務付けることが多いと言われています。

　ちなみに、このアパートローンはすべての金融機関で提供されているわけではなく、取り扱う金融機関は一部に限られています。

プロパーローンの審査は厳格

　その一方で、経営実績や経営能力、物件評価、個人属性（金融資

産額）などから、総合的に融資の可否を判断されるのがプロパーローンです。

対象は規模の大きな投資家や会社経営者など、大口向けで、全国どの金融機関でも取り扱っています。

通常の事業性融資に準じるものですから、審査基準は当然、アパートローンに比べて厳格です。

アパートローンでは、法定耐用年数を超える物件に対しても融資がおりる場合もありますが、プロパーローンは後に見るように、物件自体も厳しく評価されます。

融資額に大きな差が生じる

アパートローンとの違いは、融資額にも表れます。アパートローンで受けられる融資額は、各金融機関によって一定の上限額が定められています。それぞれの金融機関で用意されている団体信用生命保険の適用範囲内であることが多いと言われています。

どんなに実績を残しても、いかに事業意欲が旺盛でも、それ以上の融資を受けることは困難になってきます。

これに対して、プロパーローンには融資額に制限はありません。

審査は厳しいものの、賃貸業として成長を遂げ、金融機関からの信用が増すと、極端に言えば融資額は青天井です。

このように、アパートローンに比べて融通が利くところがプロパーローンの大きな特徴です。

また、複数の金融機関からプロパーローン融資を得れば、投資家にとって有利な面が出てきます。

融資をしている金融機関も他行の動向を気にして、

「より条件のいい銀行に借り換えをされてしまうのではないか」

と考え、金利を下げてくれる可能性もあるのです。

こうした好循環を作り出していくことができるのも、プロパーロ

ーンならではです。さらに、アパートローンとは違って、団体信用生命保険への加入が必須ではない（任意）ことが多いと言われています。

目標・目的に応じた投資戦略を

　このように、プロパーローンには大きな利点がありますが、誰もがプロパーローンを目指すべきかと言えば、一概にそうだとは言えません。その人なりの投資目的・目標によって変わってきます。

　目的・目標はさまざまです。例えば、年金対策を目的とすれば、老後にいくら必要になるかが問題になるでしょう。

　家族への保険が目的であれば、アパートローンの場合は、万一のとき、家族がいくら必要になるかを、団体信用生命保険が適用される範囲内で考えればよいでしょう。

　給与プラスアルファがほしいということであれば、月当たりいくらあればよいのかをシミュレーションします。アーリーリタイアを目的に据える場合、リタイア後にいくらあればよいのかを考えます。すなわち、投資目的と、それに基づいた目標額を明確化することが重要なのです。

　例えば、年収800万円のサラリーマンが、年金対策を目的に、退職後の生活資金として、年額300万円程度の税引き後キャッシュフローを投資目標に、不動産投資を始めたいと考えたとします。

　この程度のキャッシュフローを得るには、アパートローンの範囲内で十分に目標を達成することができます。

　一方で、年間キャッシュフロー1500万円を目標に据えたとしましょう。これだとアパートローンの限界を超えており、プロパーローンを利用する必要が出てきます。

　このように、目標に応じて、アパートローンだけにするのか、プロパーローンに挑戦するのか、考えればよいわけです。

Chapter 2

どの金融機関に
融資を申し込むべきか

一言で金融機関と言っても、「金利」や「融資の受けやすさ」などによって5つの種類に分けることができます。それぞれの金融機関の特徴などについて見てみます。

金融機関は5つに分類できる

　前述したように、プロパーローンは事業性ローンの一種ですから、ほとんどの金融機関で取り扱っています。
　では、どの金融機関から融資を受ければよいのか、融資を受ける金融機関次第でどのような有利不利が出てくるのか見てみます。
　金融機関は一般的に次のような種類分けができるとされています。

①メガバンク
②地方銀行（第一地銀、第二地銀）
③信用金庫、信用組合
④ノンバンク
⑤日本政策金融公庫

①メガバンク
　いわゆる都市銀行で、かつては10行以上もありましたが、合併が進んだ現在では、みずほ銀行、三菱東京UFJ銀行、三井住友銀行、りそな銀行、埼玉りそな銀行の5行を指します。
　金利が低いものの、融資のハードルは高いという特徴があります。

また、ほかに比べて担保価値など物件自体の審査も厳しくなります。

②地方銀行（第一地銀、第二地銀）

2015年末現在、第一地銀は64行、第二地銀は41行あります。メガバンクと比較して金利は高めですが、融資のハードルは低めです。

多くは県庁所在地に本店を構え、その地域の活性化を目的に融資を行います。したがって、エリアから外れた物件は基本的には取り扱いません。

③信用金庫、信用組合

信用金庫は会員出資による地域金融機関で全国に265あります。信用組合は全国に153あります。

メガバンク、地方銀行よりも金利は高いものの、融資のハードルは低く、物件自体の審査も比較的緩やかです。営業エリアは地方銀行よりもさらに狭いという特徴があります。

④ノンバンク

預金は行わず、銀行からの借り入れ等で資金調達を行い、これを貸付原資として融資を行います。融資のハードルはきわめて低く、フルローンも十分可能です。しかし、その一方で、金利は非常に高く設定されています。

⑤日本政策金融公庫

金融機関からの融資を利用するうえで、最も大きな障壁になるのが、個人属性でしょう。一定の年収をクリアしていなければ、融資を引くことは相当に困難です。

そうした場合に利用できるのが日本政策金融公庫です。事業計画などが認められれば、比較的低い金利で融資を受けられます。

金利と融資の関係をどう考えるか

　単純に金利が低い金融機関を選べばよいかと言うと、そうとも言いきれません。

　例えば、日本政策金融公庫は金利が低く設定されている一方で、融資期間が短めという特徴があります。融資期間が短いと、月々の支払い額が多くなり、手元に資金が残らず、次の投資に回す原資が増えない、事業を拡大できないという問題が発生します。

　さらに、手元の資金が少ないため、急にまとまった額のお金が必要になった場合に対応できなくなるほか、返済資金の不足により、経営的に行き詰まってしまうリスクも出てきます。

　したがって、金利や融資条件だけではなくて、借入期間も考慮に入れて、ローンの形態を考える必要があります。

建物の法定耐用年数を基準にローンを考える

　その際に、ぜひ注目してもらいたいのが法定耐用年数です。前にも触れましたが、国税庁では、減価償却費の算定基準として、税法で規定される法定耐用年数を詳細に定めています。

構造別の法定耐用年数

種類	構造	法定耐用年数(住宅用)
アパート	木造	22年
	軽量鉄骨造(3mm以下)	19年
	軽量鉄骨造(3〜4mm)	27年
マンション	S造	34年
	RC造	47年

一般的に多くの金融機関は、この年限を超える融資を避ける傾向にあります。

では、ここで具体的に1億円の融資を得て、次の条件（利回り10％、空室率10％、経費率20％、借入金利2.5％）をもとに物件を購入した際のキャッシュフローについて見てみましょう。

多くの金融機関が用いる、「法定耐用年数－経過年数」の残存期間内を融資期間に設定することを前提にしたシミュレーションです。

構造別の法定耐用年数

築20年　融資：1億円　　利回り：10％
　　　　空室率：10％　　経費率：20％　　金利：2.5％

種類	構造	法定耐用年数（住宅用）	残存（融資）	キャッシュフロー（月）
アパート	木造	22年	2年	－370万円
アパート	軽量鉄骨造（3mm以下）	19年	－	－
アパート	軽量鉄骨造（3〜4mm）	27年	7年	－71万円
マンション	S造	34年	14年	－12万円
マンション	RC造	47年	27年	16万円

※上記キャッシュフローは簡便的に税引前のキャッシュフローにて計算しています。

なんと、この条件で考慮すると、RC造以外は、すべて月のキャッシュフローはマイナスになってしまっています。融資を考える際に、いかに融資期間が重要な要素になるのかが分かります。

ただし、金融機関によっては、税法上の法定耐用年数に限らず、収益性など、独自の「経済的耐用年数」の考え方をもとに、融資を行うこともあります。

さらに、具体的にRC造について、次の条件のもとで、どのようにキャッシュフローが回るのか、具体的に見ていきましょう。

ここでは分かりやすくするために、税引き前キャッシュフローで計算しています。

キャッシュフロー（CF） 参考例

キャッシュフロー計算

構造	RC造
家賃収入	1216万円(年間満室想定)
経費率	20%
空室率	15%

融資計算

融資金額	1億円
融資期間	27年＝47年(耐用年数)－20年(経過年数)
想定金利	4.5%
年間返済額	640万円

年間キャッシュフロー

［満室収入］［経費20%］［空室15%］［年間返済］

1216万円 － 243万円 － 183万円 － 640万円 ＝ CF150万円

※上記キャッシュフローは簡便的に税引前のキャッシュフローにて計算しています。

同じ条件で、キャッシュフロー150万円を達成しようとすれば、木造20年の物件（融資期間2年）では、利回り82.89%の物件を手に入れなければなりません。こんな物件、全国どこにも売り出されていません。

法定耐用年数34年のS造の場合はどうでしょう。これも築年数

20年として利回りを見てみると、17.14%。これも、とても現実的な水準とは言えません。

　市場に出れば、熾烈な争奪戦が行われるような物件です。現実的ではありません。

構造別に利回りを比較

物件価格：1億円　経費率：20%　空室率：15%　金利：4.5%
キャッシュフロー：150万円

木造の場合 法定耐用年数 22年	築年数	14年	16年	18年	20年	22年
	融資期間	8年	6年	4年	2年	―
	利回り	25.25%	31.61%	44.40%	82.89%	82.89%

S造の場合 法定耐用年数 34年	築年数	14年	16年	18年	20年	22年
	融資期間	20年	18年	16年	14年	12年
	利回り	13.98%	14.79%	15.81%	17.14%	18.93%

RC造の場合 法定耐用年数 47年	築年数	14年	16年	18年	20年	22年
	融資期間	33年	31年	29年	27年	25年
	利回り	11.27%	11.52%	11.82%	12.16%	12.57%

Chapter 3

「融資の5原則」を知る

金融機関は融資を行う際の基本原則や審査ポイントを持っています。その原則から外れては融資を引き出すことができません。これらのポイントを頭に入れておくことは融資を受ける近道です。

金融機関が融資を行う際の基本原則とは

　いかなる金融機関であれ、融資を行う際に重視すべき基本事項は共通すると言われています。以下に、「融資の5原則」とも言われる、融資の基本原則を載せておきます。どの金融機関においても通じる、融資を行う際の判断基準になるものです。

安全性：融資の資金が、確実に期日までに返ってくること
収益性：融資のリスクに見合った適正な利益を確保できること
成長性：企業の成長につながる融資であること
流動性：融資の資金が返済されて、新たな貸し出しへと流動的に回転すること
公共性：融資されたお金が公共性のある事業に使われること

　金融機関と交渉する際には、これらの原則に反するようなことを言うのはタブーです。融資対象から外される危険性もあります。
　融資を申し込む際にも、「不動産投資でお金を稼ぎたいから、資金を融通してほしい」と言うのではなく、いかに公共性や安全性が高い事業であるのかをアピールすることが求められます。

金融機関の審査ポイント

次に、金融機関が審査をする際のポイントを紹介します。

前述の安全性の原則にある通り、融資したローンの元利金をきちんと最後まで返済してもらえるかをことさら重視しながら、融資対象物件と対象となる人を総合的に判断していきます。

既に述べたものもありますが、改めて確認してみます。「融資の5原則」がいかに重要であるかも具体的に見えてくるでしょう。

1．キャッシュフロー

審査ではまず、融資対象物件単体のキャッシュフローが評価されます。物件単体のキャッシュフローは、次の計算で表されます。

次にそれを踏まえて、借入人全体（世帯全体）のキャッシュフローを評価していきます。

借入人全体のキャッシュフローは次の通りです。

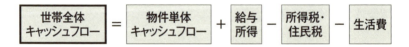

これらがいずれもプラスであることが融資の最低条件になります。

金融機関ではこの融資対象物件の単体のキャッシュフローのほかに、借入人全体（世帯全体）のキャッシュフローも評価します。そのため、後に述べるように、本人はもとより家族の財産や収支も調べられるわけです。

２．担保価値（融資対象物件単体のバランス）

担保価値とは、下記の計算式で表されます。

金融機関はいざというときに担保である不動産資産を処分して、ローンを回収できるかを評価するわけです。

では、担保価値とはどのように表されるのか、積算価格の算出方法を以下に示します。

①
※場合によっては固定資産税評価額等も参考にする

② 建物の評価 ＝ 再調達価格 × 床面積 × 耐用年数残存期間（耐用年数－経過年数）／法定耐用年数

①の「路線価」とは、毎年国税庁によって公表される土地の評価額（同年１月１日時点の路線に面する宅地１㎡当たりの土地の評価額）のことで、これに物件の土地の面積をかければ土地の評価が算出されます。

②の「再調達価格」とは、対象物件と同一の建物を、同じ土地に新築する場合に必要とされる１㎡当たりの建築費です。

この再調達価格は金融機関によって異なりますが、以下の表に示す価格が一定の目安になっています。

再調達価格とは

構造	再調達価格(例)
木造	13万円～15万円／㎡
軽量鉄骨造	14万円～16万円／㎡
S造	15万円～17万円／㎡
RC造	18万円～20万円／㎡
SRC造	18万円～20万円／㎡

ちなみに、上記表の再調達価格は金融機関によって異なります。では、これらを踏まえて、積算価格を示します。

積算価格　参考例

物件概要
土地　　面積220㎡（路線価＠13万円）
建物　　延床面積750㎡・RC造・築年数20年
売出価格　1億円

土地積算価値
220㎡×13万円(路線価)＝2860万円

建物積算価値
750㎡×19万円(再調達価格)×27年(法定耐用年数－築年数)／
47年(法定耐用年数)＝8186万円

すなわち、売出価格（1億円）を積算価格（1億1046万円）が上回るということで、担保価値は高いと評価されます。

ただし、東京都内などの物件は特に、こうした積算価格では担保価値が低く出てしまう傾向がある一方で、流動性が高いという特徴があります。金融機関の中には、そうした立地性も加味しながら、収益還元法で担保価格を算定する場合もあります。

3．個人属性

個人属性で問われるのは、次の3つです。

Ⓐ職業（勤務先も含む）
Ⓑ年収
Ⓒ金融資産（家族の分も含む）

Ⓐ職業（勤務先を含む）

金融機関は融資の5原則にあるように「安全性」を重視します。多くの投資家は、本業の収入を前提に、不動産投資を行いますから、安定的に給与が入ってくる人は必然的に高い評価を受けます。

公務員や弁護士、医師、大学教員など、安定的と見なされる職業は、融資を勝ち取るうえで極めて有利です。

サラリーマンにおいても、**中小企業よりも大手企業、歴史の浅いベンチャー企業よりも伝統のある企業のほうが高い評価を受けます。**

また、金融機関は勤続年数も重視します。同じ職場で長く働いている人のほうが堅実である、すなわち貸したお金を着実に返済してくれる可能性が高いと見なすわけです。

逆に住宅ローンと同様に、収入が安定しないと見られがちな非正規労働者や自営業者などの属性はどうしても低くなってしまいます。

Ⓑ年収

Ⓐの項目とも関連しますが、金融機関は融資したお金が、確実に期日までに返ってくるかどうか（安全性の法則）を重視しますので、

年収の多寡は当然、融資を行う際の重要な判断基準になります。
　それもただ年収が高いというだけでなく、安定的に高いかどうか（年によって波がないか）もチェックします。
　さらに、金融機関によっては堅実な人かどうかを見るために、預金通帳をもとに、日々のお金の流れを確認する場合もあります。浪費癖がないか、安心してお金を貸せる人であるかどうかを判断するわけです。
　❹の項目で述べたように、個人属性は低くなりがちな職業の１つに、自営業者があります。収入の安定性を見るために、過去数年の所得がチェックされます。
　なお、自営業者の中には、節税効果を上げようと、あえて経費を計上して赤字にする傾向がありますが、金融機関は赤字経営をする人への融資を避ける傾向にあります。融資を引き出したいならば、黒字経営を心がけましょう。

❸資産（家族の分も含む）

　現金や預貯金、投資信託、株式や国債・社債などの金融資産、土地や建物などの現物資産を含め、**あなたや家族が持つ資産全般も融資審査の対象です。**
　当然、資産が多ければ多いほど、金融機関に対し、安全性、健全性をアピールできます。
　また、金融機関は年収と比較した資産額の多寡も確認します。
　年収がそれほど高くないのに預金額が多いとなれば、勤勉な人、堅実な人と判断される一方、高年収であるにも関わらず資産をそれほど持っていなければ、浪費癖があると見なされてしまいます。
　金融機関からの融資を得て、不動産投資を行いたければ、なるべく日頃から蓄財しておくことが重要です。
　また、金融機関は融資を申し込んだ人の家族構成もチェックします。資産が多くあるほど、信用供与の根拠となりますから、家族の

収入や資産もアピールしましょう。

4．事業性・経営能力

特にプロパーローンで判断されるのは、申込人の経営能力です。

不動産投資の経営者であるならば、その実績をアピールするとともに、空室を埋めるノウハウや、長期的な視点を持ったリノベーション戦略など、投資家としての経験や強みをアピールします。

また、事業目的に関する質問をされても「不動産賃貸業を通して、地域の活性化に貢献したい」など、適切に答えられるよう、事前にシミュレーションすることも重要です。

単に「お金儲けをしたい」といった、「公共性の原則」から外れた答えは厳禁です。

Chapter 4

事前にプランを立てる

不動産投資は事前のプラン作りが重要です。長期的な展望のもとに、詳細なシミュレーションを行いましょう。現実的な資金計画や収支計画を立てることで、リスクに強い不動産経営が行えます。

収支計画で、将来のキャッシュフローを予測

　金融機関は融資した元本や利息を確実に返済してもらわなければいけません。その判断材料ともなるのが収支計画書や資金計画です。

　必ずしもすべての金融機関が提出を求めるものではありませんが、これらの計画書は、自分の不動産経営をシミュレーションしてみる絶好の機会になります。

　起業する際には、ほとんどの場合、事前にビジネスプランを立てるのが普通です。長期的な視点で経営を行う必要がある不動産賃貸業は、なおさら事前のシミュレーションが重要になります。

　事実、計画も立てずに、自分の思い入れだけで、不動産投資に足を踏み入れて、思わぬリスクを抱えた投資家も少なくありません。

　特に収支に関しては、将来の見通しを含めて、物件を購入する前から、あらかじめ考えておく必要があります。

　事業にどれだけの額を投資して、税金や経費がどれだけかかり、利益がどれだけになるのか。年数を経る中で、必要経費はどれだけ増えて、収支はどのように変わっていくか。

　このように、収入や支出を慎重かつ的確に想定し、将来のキャッシュフローを予測する収支計画の作成は非常に重要です。

リスク回避の手段としても有効

　もし、事前にプランを立ててみて、キャッシュフローがうまく回らなければ、購入は控えたほうがよいでしょう。このように、将来のシミュレーションは、リスク回避の機会としても有効な手段となります。

　賃貸経営用のフリーソフトもありますから、ぜひ作成してみることをお勧めします。

　収支計画を立てるうえで重要になるのが、各項目の設定の仕方です。これにより、将来の収支も大きく変わってきます。

　特に収入面で大きなポイントになるのが「賃料」や「入居率」の設定です。同エリアの同じような条件の物件などを参考にし、さらに建物の経年劣化を踏まえて設定します。

　支出面に関しては、固定資産税、都市計画税などの税金面、火災保険や地震保険などの保険料、建物の修繕費、減価償却費、ローンの支払利息、共用部分の水道光熱費、入居者募集に関する広告宣伝費、管理会社に支払う管理費、清掃代など、すべての必要経費をあらかじめ想定して考える必要があります。

高望みした計画は厳禁

　また、キャッシュフローを最も圧迫するのはローンの返済額ですから、金利の種類や返済方法などをチェックしたうえで、返済原資、元金返済額、手元残金なども明示した返済計画を立ててみることも重要です。

　これらのプランを立てるうえで大事なのは、あまり高望みしないこと。不動産投資は中長期にわたって行う投資です。実際、すべてが最初の想定通りに進むとは限りません。

　金利情勢を把握し、前章で紹介したような不動産投資にまつわる

さまざまなリスクを十分に考え合わせたうえで、事業を行うべきものであるということを改めて強調しておきたいと思います。

ある程度厳しめの設定にしても、十分にキャッシュフローが回る、収入が支出を上回るようでなければ、安心して経営を行うことなどできません。

金融機関から融資を受けることも難しいでしょう。

同時に、その都度、計画は見直しを図ることも重要です。景気動向や税制、エリアの再開発や交通網の新設、大学キャンパスの移転など、新しい変化や動きに応じて、賃料設定なども見直します。

ビジネスの世界では、計画を立て、実行し、確認し、また実行するというPDCAサイクルを的確に回すことが重要と言われていますが、不動産投資も、確かな数値に基づいた慎重かつ的確な検証と実行が不可欠なのです。

Chapter 5

不動産会社の紹介を上手に活用する

融資を受ける際に、最も大きなハードルとなるのが、金融機関の担当者との関係作り。いかに融資担当者と良好な関係を作り、融資を引き出してもらえるか、そのコツをご紹介します。

経験豊かな不動産会社とタッグを

　金融機関からの融資を受けて、不動産投資を始めようと考える投資家にとっては、アパートローンであれ、プロパーローンであれ、融資担当者との信頼関係の構築が不可欠です。
　しかし、こればかりは一朝一夕にはいきません。
　不動産の融資を引き出そうと、金融機関の支店に飛び込んでも、相手にしてもらえるか、保証の限りではありません。
　門前払いをされることもあるでしょうし、運良く席を設けてくれたとしても、すぐに融資が認められることは困難だと言ってよいでしょう。
　ではどうするか。
　すでに不動産投資を成功させて、担当者と顔なじみになっている人から、紹介を受けるのも手です。
　また、それ以上に有効なのが、不動産会社からの紹介です。
　普段から金融機関と取引をしている不動産会社であれば、金融機関としてもむげにはできないでしょう。
　また、経験豊かな不動産会社は、どうすれば担当者が稟議を通しやすくなるのか、その金融機関の方針や、行内の担当者の位置付け

なども考え合わせながら、的確な提案をすることができます。

ただし、金融機関から信用を得ている紹介者ならば、本人の信用も上がるでしょうが、かつて不義理や失敗をして、印象が悪い不動産会社などからの紹介であれば、かえって本人の評価を下げる結果を招きます。

過去の取引実績なども確認して、決済まで導いてくれる不動産会社を見極めることも重要です。

優秀な融資担当者を紹介してもらう

さらに、一言で融資担当者と言っても、その能力や熱意もピンキリです。

同じ内容の案件であっても、優秀な担当者であれば、行内でしっかりと稟議を通し、融資承認まで導いてくれる一方で、別の担当者では稟議が通らないということもよくあります。

この点、日頃から取引をしている不動産会社であれば、どの担当者が優秀で、どの担当者がそうでないかを熟知しています。

優秀な担当者を紹介してもらえれば、それだけ融資を引くチャンスが大きくなります。

また、特にアパートローンに関しては、不動産会社と提携して販売することも少なくありません。

融資条件に適（かな）っていれば、不動産会社が主導して、手続きなども進めてくれるでしょう。

任せるべきところは信頼できる不動産会社に任せたほうが、スムーズに事が運びます。

Chapter 6

融資を受けやすい人の共通点

融資を受けやすい人、受けにくい人にはそれぞれ共通点があると言われています。融資を受けやすい人の行動や特徴は大いに参考にし、受けにくい人は反面教師としましょう。

自己資金を豊富に持っているか

　不動産投資の最大の障壁は、融資問題と言っても過言ではありません。

　いくら満室経営を実現するだけの知識や能力があっても、金融機関から融資を受けられなければ不動産投資を始めることすらできません。その意味で、いかに融資を引くことができるかは、不動産投資を行うための大命題と言ってよいでしょう。

　最後に、ある程度経験豊かな投資家向けの情報として、融資を受けられる人の共通点に触れて考えてみたいと思います。大きく4つあります。

・自己資金を持っている人
・融資担当者に誠実に対応する人
・優秀な融資担当者を見極められる人
・投資家としての高い経営能力のある人

　1つめは、自己資金を持っているかどうかという点です。
　職業や勤め先などの個人属性が低く、年収が十分でなくても、一

定の自己資金を持っていれば、金融機関は、
「この人は、計画性があって、融資をしても問題はない」
と判断する場合があります。
　一方で、年収が高くても、自己資金が十分になければ、
「この人は、計画的に事業を行う資質があるかどうか」
と、疑問を持ちます。
　短期間のうちに複数の物件を購入し、事業を拡大させていくためにも、自己資金は常に保持しておくことが望ましいと言えます。
　それ自体が金融機関に対する「信用」になり、有利な融資を引くことができるのです。
　したがって、事業の拡大を目指している場合は、物件購入はもとより、リノベーションなどに関しても、なるべくなら現金を使わずに、融資を引いて行うことが大切になります。

融資担当者には誠実に対応

　２つめの条件は、融資担当者とは正直に、誠実に対応するということです。なかには見栄もあるのでしょう、提出資料に誤った情報（いわゆるウソ）を記入したりする人もいますが、金融機関の担当者もプロです。必ず見破るものですし、故意の偽造ですから場合によっては罪に問われる危険性もあります。
　罪は免れたとしても、何しろウソが露見してしまっては、信用はがた落ちです。それが原因で融資を見送られることもあるでしょう。
　常に正直に、誠心誠意の態度で接することが重要です。

優秀な融資担当者を見極める

　３つめとして挙げたいのが、優秀な融資担当者の見極めです。
　融資の承認がおりるまでには、支店審査、本店審査など、いくつ

かのステップがあります。その担当者の熱心さや、行内での発言力も大いに影響してくるのです。

また、その金融機関の審査基準に通じた担当者であれば、どうすればこの案件は融資が通るのか、よく理解しています。

すなわち理解度が高い担当者のアドバイスに基づいて書類などもまとめていけば、審査が通りやすくなるということです。

融資担当者とは誠実にお付き合いすることが重要だと述べましたが、もし優秀な担当者との出会いがあれば、なおさら、誠心誠意の対応を心がけると同時に、その意見には素直に耳を傾けましょう。

高い経営能力をアピールする

4つめは、不動産投資家としての高い経営能力です。

これはプロパーローンの場合により効果を発揮しますが、不動産賃貸業としての経験を積み、さまざまなノウハウを得ることで、空室を減らし、高い収益を上げる。その実績が、金融機関からの高い評価につながり、次回のローンはそれほど苦労することなく、組むことができます。

基本はやはり、事業家として日々、不動産賃貸業に邁進する投資家の姿勢にあるのです。

不動産投資家としての高い経営能力をアピールできれば、担保価値が低く、法定耐用年数を超える物件であっても融資してくれる場合もあります。

半面、事業家としての意識が低く、知識の獲得や日々の不動産賃貸業としての業務をおろそかにしている人は、なかなかプロパーローンを引くことができません。

PART6のポイント

ポイント❶

　金融機関から融資を引き出すことができれば、少ない時間で自己資金の回収、事業の拡大が可能です。このレバレッジこそが、融資の最大の魅力です。

　不動産投資の融資商品には、アパート・マンション取得のための専用商品である「アパートローン」と、通常の事業性ローンである「プロパーローン」の２種類があります。アパートローンは融資条件が画一化されているため、審査スピードが速いという特徴があります。プロパーローンは、審査が厳格な半面、融資額が大きいという特徴があります。

　一言で金融機関と言っても、「メガバンク」「地方銀行」「信用金庫・信用組合」「ノンバンク」「日本政策金融公庫」の５つに分類することができます。金利と融資の受けやすさを基準に、どのレベルの金融機関を利用するのかを選択します。

ポイント❷

　金融機関では融資を行う基本原則や審査ポイントを持っています。基本原則としては「安全性」「収益性」「成長性」「流動性」「公共性」の５つがあります。

　なかでも、融資の資金が、確実に期日までに返ってくる「安全性」をことさら重視します。融資対象物件のキャッシュフロー、不動産純資産、個人属性が重要な審査ポイントになります。融資対象物件のキャッシュフローをプラスにするためには、融資期間を長めにすること、すなわち法定耐用年数が長い構造を選ぶことが重要です。

　金融機関の審査では、収支計画書などの作成が求められることもありますが、こうしたプラン作りは、経営を行ううえでも大切なものです。事業にいくら投資をして、税金や経費など、いくら支出するのか、収入はいくらになるのかをあらかじめシミュレーションすることで、堅実な経営が可能になります。

ポイント❸

　金融機関から融資を得ようと、アポなしで面談するよりも、不動産会社からの紹介を上手に活用することも重要です。

　経験豊かな不動産会社は担当者が稟議を通りやすくなるように、的確な提案をすることができるほか、誰が優秀な担当者かも熟知しています。優秀な担当者を紹介してもらえれば、融資の可能性も高まります。

　ほかに融資を受けやすい人の特徴として、「自己資金を豊富に持っている」ことが挙げられます。自己資金自体が金融機関に対する「信用」となり、有利なローンを引くこともできるのです。

　さらに、「優秀な融資担当者を見極める」「投資家としての高い経営能力をアピールする」ことも大切です。

PART 7

利回りアップの
リノベーションの「技術」

Chapter 1
リフォームとリノベーションの違い

Chapter 2
対象を絞った展開を考える

Chapter 3
信頼できるリフォーム業者を選択する

リノベーション事例

Chapter 1
リフォームとリノベーションの違い

物件の経年劣化はある程度避けられません。しかし、リフォームやリノベーションを施すことによって、劣化のスピードを緩やかにしたり、場合によれば資産価値を上げたりすることも可能です。

経年劣化を放置すれば、資産価値も下落

どんな建物であろうと、年数の経過による劣化は避けられません。新築当時は真新しかった各種設備も次第に古くなってきます。

結果的に賃貸住宅としての魅力も低下し、入居付けも難しくなってくれば、資産価値の下落を招いてしまいます。

■ 3大都市圏　主要都市別　築年数による賃料減価率
（徒歩7～10分）

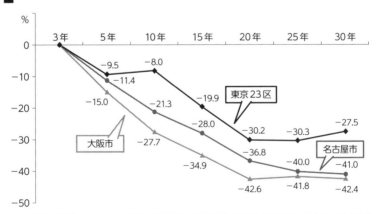

出典：「分譲マンションの賃料の徹底研究（属性分析）2014年5月7日」東京カンテイ調べ

実際、「3大都市圏主要都市別築年数による賃料減価率」を見ると、東京23区は、大阪市、名古屋市に比べれば賃料の減価率は低いものの、大きなトレンドとして、築年数と賃料の下落は相関関係があると言えます。

リフォームとリノベーションの違い

　少しでも、賃料の下落を食い止めるためにも、定期的なメンテナンスが欠かせません。メンテナンスには、大きく分けて2つの方法があります。「リフォーム」と「リノベーション」です。
　まずは、その違いから説明しましょう。
　国土交通省では次のような定義付けをしています。

- リフォーム＝新築時の目論みに近づくように復元する
- リノベーション＝新築時の目論見とは違う次元に改修する

　この定義付けにあるように、リフォームとは、老朽化した建物を新築時の状態に近づかせること、一般的には入居者が退去した後に、その入居者が居住する前の状態に戻すことを言います。
　クロスの張り替え、畳の取り換え、キッチン設備の変更などがこれに該当するでしょう。要は汚れたり、壊れたり、古くなったりしたものを、きれいにしたり、修繕したり、新しくすること、言葉を変えれば「原状回復」に当たります。
　このように、リフォームが経年によって失われた機能の回復を意味する一方で、もとの住宅とは違った次元に改修する、すなわち新築時以上に、機能や価値を高めるのがリノベーションです。
　ライフスタイルの変化などに応じて、間取りや内装デザインの変更や、耐震性の向上に向けた、壁の補修工事などが該当します。
　原状回復にとどまらず、時には大規模工事も施して、プラスアル

ファの要素を加えていくところにリノベーションの意義があります。

経営的視点でリノベーションの可否を判断

リフォームとリノベーションのどちらを採用するのか。経営の視点から判断するしかありません。物件の状況や投資効率で考え方も変わってきますから、どちらが良い、悪いと、一概に言うことはできません。

費用という面から考えれば、リフォームのほうが低く抑えられるでしょう。ところが、通り一遍のリフォームでは、ほかの賃貸物件との差別化を図ることが難しい面も出てきます。

一方、リノベーションの観点から大規模工事を施して、設備を現代風に変えて、性能を高めることができたとしましょう。

当然、リフォームに比べて、多額の資金を要しますが、それによって満室経営や家賃のアップを実現できれば、利回りの向上にもつながります。

また、家賃を上げると、入居者の質も上がります。トラブルを起こさず、経済状態が良好な人たちに入居してもらえれば経営的にもプラスです。

そうした可能性を秘めているという点でリノベーションは、投資戦略としても非常に重要な手段でもあるのです。これを「リスク」ととらえるか、「攻め」の不動産経営の一手法ととらえるか、経営的な視点で判断します。

なお、本書にも登場する生方大さんのように、空室が多い廃墟のようなボロ物件を安価で購入しては、リノベーションを実施し、優良物件に生まれ変わらせて、満室経営を実現させる投資家も少なくありません。

費用対効果を考えた戦略を

 とはいえ、不動産経営で成果を上げるためには、できるだけ投資額を抑える努力が欠かせません。費用対効果を考えずに、管理会社やリフォーム業者の言いなりになって過大投資をしてしまったために、投資額を回収できない、ということにもなりかねません。

 なるべく投下する資金を抑制しながら、入居率を高める。これが理想的な不動産経営のあり方です。そこで、収支を考えたメンテナンスの工夫が必要になります。

 予算の上限を前もって決めてしまうのも有効です。

 投資家としては、物件の価値を上げようと、ついついあれこれと手をかけすぎてしまう傾向があります。それを防ぐためにも、投下できる額はいくらまでと明確に線を引いてしまうのです。

 さらに、それが新しい家賃にどう反映して、いかに採算を取っていくのかもシミュレーションします。

見た目重視の箇所に集中投資を

 逆に予算に制限を加えることで、何にどれぐらい費用をかけるかといった戦略が見えやすくなります。すなわち、経営上重要な「選択と集中」という視点が明確になるという効果があります。

 一般的に費用対効果の高い修繕個所はどこかというと、内見に訪れた方々の目にとまりやすいところ。あくまでも見た目重視です。

 特に水回りは重要となります。本章の最後に、リノベーションの実例を紹介しますから、ぜひ参考にしてください。

■リノベーション相場一覧

項目	費用
畳の表替え	3万円前後
クロスの交換	10畳6万円前後
和式から洋式のシステムトイレへ	100万円前後
温水洗浄便器交換	10万円前後
給湯器交換	15万円前後
洗面台交換	10万円前後
タイル浴室からシステムバスへ	50〜100万円前後
システムキッチン設置	50〜100万円程度
外壁塗装(建物面積100㎡)	70万円前後
畳をフローリングに(6畳)	20万円前後
リビングの壁面収納	100万円前後

■リノベーションで高利回り物件に

リノベーション

▶あくまで見た目重視!
▶内見で目にとまりやすい水回りは必須

Chapter 2
対象を絞った展開を考える

リフォームやリノベーションは、資産価値の低下を防ぎ収益性を高めることが目的です。時代や入居希望者のニーズに応じた修繕、改修でなければ意味がありません。対象を明確にしましょう。

入居者ターゲットを明確に

　効果的にリフォームやリノベーションを行うためにも、どんな人に入ってもらいたいか、入居者となるターゲットを絞り込むことが必要です。

　それも、単にファミリー層か単身かというだけではなく、性別や年齢、収入、趣味、ライフスタイルなどをもとに、照準を絞って、それにふさわしいリフォームやリノベーションを検討します。

　あくまでも投資家の趣味や嗜好とは無関係に、実際に居住するターゲットが好みそうな部屋作りを追求しなければいけません。

幅広い情報収集が不可欠

　しかしながら、それを実現するには、相当な知識が必要です。何の知識も持ち合わせていなければ、どういうリフォームやリノベーションを行うか、イメージすらできないでしょう。そのためにも、情報収集は欠かせません。

　インターネットや専門誌には、さまざまなリフォームやリノベーションの実例が載っています。最近のトレンドを押さえるためにも

ぜひ参考にしたい情報です。

また、エリア内の賃貸物件の標準的な設備なども把握しましょう。ほかの物件との差別化を図るうえでも、標準となる、基本性能を知っておく必要があるからです。

ほかにも、実績を残している投資家の講演会やセミナー、大家の会などのイベントに積極的に参加するなどして、実例を聞いたり、そこで投資家たちと顔見知りになって、いろいろなアイデアや情報を交換するのもよいでしょう。さまざまな機会を通じて、多くのヒントを得ていきます。

まずは自分の物件の弱点を補うこと

このようにさまざまな情報に触れることで、ご自分の物件の水準、とりわけウイークポイントがよく見えてきます。

例えば、トイレが和式である。エアコンがない。温水洗浄便座がない。洗濯機置き場が室内にない（ベランダにある）。

今やこれらは入居者にとっては「あって当たり前」の設備です。リフォームやリノベーションを行う際には、まずは物件の弱点を消すことを最優先に、設備の充実を図るのが基本です。

それにプラスして、システムキッチン、照明器具、モニター付きインターフォンなど、差別化を図れるアイテムを設置して、価値の向上を目指します。

商品の仕入れコストを圧縮する

また、投資額を抑えてリフォーム、リノベーションを行う秘訣としては、商品の仕入れコストの圧縮を図るのも重要です。

商品の仕入れは、リフォーム業者などを通じて行うのが一般的ですが、投資家自らが設備や家具等の材料を直接購入するという方法

もあります。これが「施主支給」です。

インターネットを通じて設備や材料を自ら購入したり、ホームセンターやインテリアショップで、対象に合致した商品を安く手に入れる。そして、工事や取り付けなどの実務面のみを、リフォーム業者に依頼する。

それだけで、だいぶコストを下げることができます。もし、手先が器用で自分で取り付けまで行えたら、取り付け工事のコストダウンを図ることもできます。

Chapter 3
信頼できるリフォーム業者を選択する

リフォームやリノベーションを成功させるためには、実際に工事を執り行うリフォーム業者の選別も重要な要素です。信頼できる業者選択のポイントについて考えてみましょう。

業者選びは「不動産投資」成功のカギ

　不動産投資においてリフォーム業者は欠かせないパートナーです。リーズナブルで、求めに応じた工事をしっかりと行ってくれる業者に工事を任せることができれば、投資家としても安心でしょう。

　その意味でリフォーム業者の選択は、不動産経営を行ううえで、重要なポイントになります。

　では、いかにしてそうしたリフォーム業者と関係を取り結ぶか。まずは、複数の業者に声をかけて、相見積もりを取ったうえで、実際に工事を行う業者を決めるという方法があります。

　インターネットで検索をかけたり、タウンページなどを利用すれば、地域のリフォーム業者の連絡先は分かります。

　相見積もりを取ることで、だいたいの相場観も分かりますし、どのリフォーム業者が安いか、高いかも明瞭です。

　さらに、見積もり金額や想定される工事の内容なども面談で質問すれば、その価格の根拠を知ることもできるでしょう。そのやり取りを通じて信頼できるリフォーム業者を選択すればよいのです。

管理会社にリフォームを依頼する方法も

　なかには、リフォーム業者ではなく、直接職人さんに工事を依頼する投資家もいます。コストカットが目的です。

　というのも、工事を職人に外注しているリフォーム業者も少なくないからです。職人に直接発注することで、余計な中間マージンを圧縮することが可能です。

　ただし、投資家自身がリフォーム業者や職人を見極める目を持っていることが前提です。もし適切な見極めができなければ、かえってリスクも生じてしまいます。ある程度の経験や判断力が必要になるでしょう。

　もし自信がなければ、物件の管理をお願いしている管理会社にリフォームを依頼するのも選択肢の1つとして考えてもよいでしょう。

　短期的に見れば、多少割高であっても、安全性が担保できるし、管理会社が優先的に部屋を埋めて、満室にしてくれるなら、安定的な不動産経営ができる。十分にお得であると考えることもできるでしょう。

　次ページにリノベーションの事例を掲載しましたので、ぜひ参考にしてください。

《リノベーション事例》
玄関床と廊下

お部屋までの床にクッションフロアを新設しました。お部屋に入った際の第一印象は非常に重要です。玄関床は汚れが目立つため暗い色を選択しましたが、廊下からお部屋までの床や玄関付近に明るい色を使用することで、明るい第一印象を与えることができます。

キッチン

キッチンを新設しました。水回りがきれいな物件は、女性はもちろん、多くの方から好まれます。

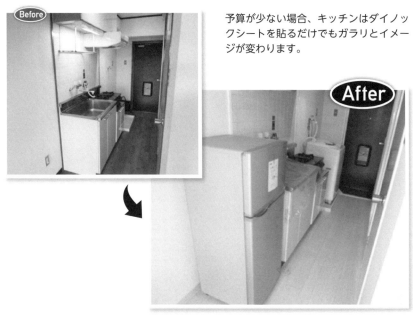

予算が少ない場合、キッチンはダイノックシートを貼るだけでもガラリとイメージが変わります。

室内

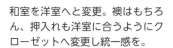

和室を洋室へと変更。襖はもちろん、押入れも洋室に合うようにクローゼットへ変更し統一感を。

お風呂

昔ながらのタイルに小さめの浴槽だったため、1日の疲れをゆっくり取れるようユニットバスへと変更。

広さはあるものの、見た目や機能が古いため、浴槽を新設。また追い焚き機能を追加しました。浴室は写真のようにダイノックシート、全身鏡もしくは横広の鏡を設置するだけでホテルのようなラグジュアリー感を出すことができます。

洗面所

もともと独立洗面台のあるお部屋でしたが、造りが古いため新設。白を使うことで清潔感が出ます。

トイレ

古いタイプのトイレから新設。また、床やクロスにも黄ばみや汚れが目立っていましたので床とクロスも貼り換えました。トイレなどの水回りは白を使うことで清潔感が出ます。近年ブームのセルフリフォームに挑戦する際は狭い空間であるトイレがお勧めです。

外壁・共用部分

汚れが目立ち、年季を感じる外壁を白と茶をベースにした明るい印象へと塗り替えしました。

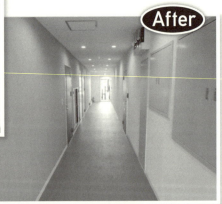

照明が蛍光灯でどことなく暗い印象を与える廊下でしたが、LEDを使うことで明るい廊下へと変わりました。

アプローチにインターロッキングを配備。外壁と同様、物件の印象をがらりと変えることが可能です。

劣化していた屋上防水を新たに実施。

エントランスのタイルを時代に合ったタイルへと貼り換え。この物件ではポストも新設し、より入居者様に利用していただきやすい物件になりました。

暗く、整備がされていなかった駐輪場に照明を付け、白線を引くことで整備された駐輪場へ。せっかく雨や風を防げる駐輪場でしたので気持ち良く使えるようになり入居者様にも喜んでいただきました。

PART7 利回りアップのリノベーションの[技術]

昔ながらの呼鈴をＴＶモニター付きインターフォンへと変更。近年では防犯上かかせないアイテムとなりつつあります。

ダンスホールを広いワンルームへ。白で統一することで広さと清潔感のあるワンルームへと変わりました。

コンバージョンした事例

事務所と倉庫を3つのお部屋へと変更した事例です。このように用途を変えるリノベーションのことをコンバージョンと言います。長期間入居の付いていないお部屋でしたが、募集開始後すぐに入居者が決まりました。

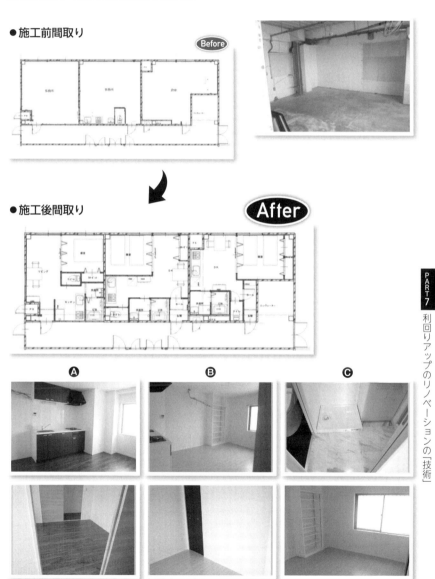

●施工前間取り Before

●施工後間取り After

PART7のポイント

ポイント❶

建物を放置していれば、経年劣化は不可避的に進んでしまいます。賃貸住宅としての魅力が低下し、入居付けが難しくなれば、資産価値の下落も避けられません。これを予防し、収益性を確保するための方策がリフォームやリノベーションです。

原状回復を意味する「リフォーム」と、新築時以上に機能や価値を高める「リノベーション」のどちらを採用するのかは、物件の状況や投資効率をもとに判断する必要があります。いずれにしても、完璧を求めすぎずに費用対効果を十分に考えて行う必要があります。

ポイント❷

リフォームやリノベーションの実効性を高めるためにも、まずは、時代のニーズやエリア内の賃貸住宅の標準設備なども把握することが欠かせません。自分の物件のウイークポイントが見えてきたら、それをリフォームなどを通じて補いましょう。併せて、入居者となるターゲットを明確にした部屋作りも重要です。インターネットや専門誌などを通じて、リノベーションの実例を収集したり、ベテラン投資家さんの話を聞くなどして、さまざまなアイデアや情報を得ていきましょう。さらに、投資家が直接設備を購入する「施主支給」など、投資額を抑える工夫も大切になってきます。

ポイント❸

効果的なリフォームやリノベーションを実現するためにも、リフォーム業者選びは重要なポイントです。複数の業者に連絡をして、相見積もりを取る方法もあります。

また、コストの圧縮を図るなら、職人に直接依頼する方法もあります。ただ、リフォーム業者や職人を見極めるだけの経験や目利き力がなければ、管理会社へのリフォーム依頼も重要な選択肢の1つになるでしょう。多少割高であっても、優先的に入居付けを進めてくれれば、結果的に安定的な賃貸経営につながるからです。

PART 8

不動産投資で稼いでいる人の「実例」

Case 1
女性投資家としての考えとそのメリットは

Case 2
良き不動産会社さんとのお付き合いで成長できる

Case 3
より良き不動産会社さんを選ぶためのポイント

Case 4
私が不動産投資の極意を会得するまで

Case 5
地方と都心物件のポートフォリオ活用

Case 1 投資家が語る不動産投資

女性投資家としての考えとそのメリットは

A.Tさん(43歳)

不動産投資に踏み切った理由

　現在、中古RCを2棟、新築木造アパート1棟の計3棟所有しています。

　昔から、夫婦2人とも定年まで会社に勤めて、仕事をする生活を続けることに無理があるとずっと感じており、会社員以外の仕事をしたいと考えていました。

　好きな仕事をしながら、ある程度自由になる時間が持てる生活をしたいと模索していたときに、不動産投資に目がとまりました。

　住宅メーカーの営業という仕事がら、建築と不動産については多少知識があったために、不動産投資にもその知識が活かせるのではないか、と思ったことも不動産投資に踏み切った理由の1つです。

　いろいろ検討した結果、今の自分たちの持っているものと、なりたいものを、最大限活かすには1棟RCだという結論になり、購入に至りました。

　夫婦で働いていたため、年収合算（約1400万円）できることが大きかったですね。

　わが家は2人とも今の生活を変えたいと思っているので、夫にはまったく反対されていません。私が先導で全部進めていますが、夫はローンの保証人になったり、団信に入ったりしてくれています。

　所有物件が地方なので、夫婦で旅行感覚で出かけられるので楽し

いです。物件を見に行きながら、地方の名物を食べたりして楽しんでいます。

女性投資家としてのデメリットはない

　女性不動産投資家は、不動産投資家全体の割合で見れば、確かにまだまだ少ないのが現状ですが、そんな恵まれた環境にいますので、正直、私はあまり女性というところは気にしたことがありません。
　特に1棟RCの場合、男性と女性の違いはあまりないと思います。
　よく、ご主人が不動産投資を始めたがっているのに、奥様が反対しているというお話を耳にしますが、これは難しいですよね。
　1棟RCをやりたいほどのご主人ですから、多分属性も良く、年収も高いことでしょう。おそらく奥様は、今の生活に満足しています。だから投資やわざわざ借金なんてしたくないのです。
　一方で、ご主人は毎日、朝から晩まで働く日々や将来を考えると、今の生活を変えて何とかしたいと思っているのでしょう。
　「温度差があるなあ」と、そういったお話を聞くたびに感じてしまいます。

　また、「女性投資家で苦労することは？」と聞かれることがありますが、実はあまり感じたことがありません。強いて言えば、1棟RCを持っている女性の仲間がいないことでしょうか。
　1棟RCに興味があって、でも女性だから苦労するのでは……と思っているのであれば、「やってみましょう！」と言いたいです。
　女性だから条件が悪いとか、相手に舐められるとか、そんなことはないと思います。
　男性でも条件が悪かったり、優先的に対応してもらえなかったりする方はいると思います。
　不動産投資で接する相手の方はほぼお仕事ですから、こちらも

「賃貸事業」として行っているという姿勢、そして礼儀と情熱を持って接すればキチンと対応してもらえるはずです。
　とはいっても、逆に女性投資家だから良かったということもありません。
　なぜなら「賃貸事業」として行っているからです。
　「事業者」として、業者様とお話しをしていますので、性別は関係ありません。強いて言えば皆さん優しいことくらいでしょうか？
　やはり管理会社さんやリフォーム屋さんは、ほぼ男性なので、皆さん優しくしてくださいます。女性の営業さんなんかは、電話で仲良くなりやすいかも知れません。
　それから、1棟RCは女性が少ないので、顔や名前を覚えてもらいやすいということもあるかもしれません。
　でも、男性だからといって冷たくされる、覚えてもらえないなんてことは、もちろんないので、強いて言うなら……ですけどね。
　実際、セミナー講師や書籍等女性投資家で、ご活躍されている方がいらっしゃいます。
　近年では、女性目線のリフォームが流行っていますよね。私はまだ行ったことがないので、ぜひ今後そういったことも挑戦していきたいと思っています。

休みの日も勉強して

　不動産投資は、思ったより学ぶことが多い世界です。
　住宅メーカーに勤めていますので、少々知識はあったつもりでしたが、融資や税金、エリアの特性、設備やリフォームの知識など、知らなくてはならない分野は多岐にわたります。
　だから、購入する前より真面目になった気がします。休みの日も机に向かっていることが増えました。
　まだ税金面は弱いので、いずれ夫にも勉強してもらってカバーで

きるといいなと思っています。

　２人で勉強して、役割を分けられたらいいですね。

　私の場合、もともと夫が賛成だったので「パートナーに理解してもらう」という点に力を入れることはありませんでしたが、やはりお付き合いする不動産会社の方たちと同じで、「楽にお金が稼げる」「購入したらそれで終わり」、そんな簡単な考えで行っているのではなく、「賃貸事業」として責任・情熱を持って考えていること、そしてその姿を見せることが大事なのではないかと思います。

Case 2 投資家が語る不動産投資

良き不動産会社さんとの
お付き合いで成長できる

S.Tさん(40歳)

ウィークリーマンションから賃貸物件に

　2014年9月に初めて物件を購入し、その後2015年2月にもう1棟購入、現在計2棟の物件を所有しております。

　購入前の私は、数千万円以内の小ぶりな物件を、何となく探していたように思います。

　しかし、紹介されたのは1億円を超える物件。

　また、空室が目立つ物件で、正直最初は不安がよぎりました。「不動産投資」未経験の私が、このような物件を経営していくことができるのかと。

　しかし、私個人の年収から見る融資枠や購入方法、また経営していくにあたり出てくる年間経費、空室理由の調査、周辺の賃貸需要や賃貸相場、協力会社・管理会社の選定、リフォームプランなどなど、この物件について知ることで、再生させることができると確信し、物件の購入に至りました。

　この1棟め、前オーナーの所有当初は、賃貸物件として運用していましたが、途中からウィークリーマンションとしての運用をしていたため、空室が目立っていました。

　しかし、物件周辺には大学があり、ターゲット層が明確でした。

　ですから、ターゲット層に対してインターネット無料など、空室を埋められる適格なプランを行うことができました。

　また、空室はリフォームを行いましたので、その点も募集のうえ

で周辺他物件との差別化を図ることができたのだと思います。

その結果、購入後半年から現在に至るまで満室経営を維持しております。

また、入居者の属性が良いことも嬉しいですね。

本物件の購入により、空室が多くとも、その物件周辺の情報収集をしっかりとすることで、お宝物件に出会えるのだと感じました。物件周辺を知り尽くした地場の不動産会社へのヒアリングは、必ず行うべきですね。

「空室が多いからやめる」という、もったいない判断を防げるのだと知りました。

大胆なリノベーションが成功！

現在、当初ご紹介いただいた際の想定キャッシュフローを上回るお金が、毎月手元に入ってきております。

また管理会社からは、今後賃料を上げて募集することを提案されるほどですが、それについては安定した経営を目指す私としては検討中です。

その後2015年2月に、2棟目の物件を購入しました。こちらもまた多くリフォームの手を入れるいわゆる再生物件でした。

本物件にて行ったのは、大胆にも2階の事務所を3つの1LDKにするという大規模なリノベーション！

内装も明るめのブラウンを使用した部屋や、暗めのブラウンを使用したシックな部屋等3つの異なるデザインにし、幅広い年齢層に気に入ってもらえる部屋になりました。

長いこと空いていた事務所でしたが、このリノベーションですぐに入居が決まりました。

ほかにも外壁塗装や空室原状回復工事等も行い、見違える物件となり大満足です。まだ空いている部屋もありますが、管理会社さん

に期待しています。

　満室、築浅、高利回り、好立地、こんな条件が揃った物件はないので、ここまでは譲れる、ここは何とかカバーできる、といった自分の中でのものさしのようなものを、しっかり持つことが大事だと感じております。

　また、私が所有している物件ではなおさらですが、どんな物件を購入する際も、しっかりとしたサポートをしてくれる不動産会社選びは、とても重要であることは、間違いありません。

　私のように不動産投資を初めて行う人にとっては、まず多額のお金を借りることに不安がいっぱいだと思います。購入後もどのように経営していけばよいのかなど、不安はつきないでしょう。

　だからこそ、購入前はもちろん、購入後の不安も理解し、真摯に向き合ってくれる不動産会社さんと付き合うことが大切で、その付き合いを通して少しずつ少しずつ経営者として成長していけるのだと思います。

　良い不動産会社さんとは長いお付き合いができますし、良い物件が入った際はまたご紹介いただけますし。

　これから物件を購入される方も、ぜひ良い不動産会社さんと付き合っていただきたいなと思っております。

　私も不動産投資拡大に向け、今日も物件探しに励みます！

Case 3 投資家が語る不動産投資
より良き不動産会社さんを選ぶためのポイント

K.Yさん(38歳)

心の余裕が思わぬ収穫を

　私はある会社の課長職にあります。年収は約740万円ほどです。
　2013年2月に初めて物件を購入し、その後2014年3月にもう1棟、2015年7月にもう1棟、現在計3棟の物件を所有しております。
　不動産投資を始める前までは、サラリーマンの給料のみで暮らしていました。そのため、常に「会社が倒産したらどうなるのか」「クビになったらどうやって生活すればいいのだろう」という不安を抱えた毎日でした。
　そこで、不動産投資を始めてみようと考えたのです。
　もちろん不安もありましたが、今はサラリーマン以外の収入を確保することで、会社に何があっても大丈夫、という自信ができ、心に余裕ができました。
　これが結果的に、会社に対して積極的に改善提案や発言をすることができるようになり、サラリーマンとしての評価も上げることができたのは思わぬ収穫となりました。
　冒頭でも軽く触れましたが、不動産投資を行う際、誰しも最初は不安だと思います。多額の借金を背負うわけですから、それは当然だと思います。
　なかには、「購入後いきなり多数の退去が出てしまった」「想定外の出費が……」などと頭を抱えられている方がいることも事実です。
　もちろん、不動産会社にとっても想定外のことである場合もあり

ますが、「売ればいい」「売ったら終わり」という不動産会社がいるということも、残念ながら事実のようです。

これまで数社の業者の方と知り合いましたが、私は幸いなことに騙したり、ウソをついたりするような悪い不動産会社には出会ったことはありません。

しかし、ウソをついたりするつかないは置いておき、大きく分けて下記3つの理由から不動産会社選びは重要だと感じています。

1．個人情報の提供

不動産を購入する際は、銀行の融資審査などで、かなり詳細な個人情報を提供することになります。具体的には、家族構成、年収、勤務会社、保有資産、健康状態などです。おそらく親友や親族にも公開しないような情報まで不動産会社と共有することになります。

2．おいしい物件情報の入手

今は不動産投資ブームということもあり、インターネットを探しているだけではなかなか良い物件（おいしい物件）には出会えません。インターネットで何時間も探すより、不動産会社と信頼関係を築き、世の中に公開する前の未公開情報を教えてもらうことのほうがよっぽど良い物件にたどり着ける可能性が高いでしょう。そのため未公開情報を多数入手している業者を選ぶことが重要です。

3．担当者は自分の分身

不動産取引において、不動産会社の担当者の方は自分の分身のようなものです。不動産購入の際は多数の会社（売主、管理会社、修繕会社、エレベーター管理会社、プロパンガス会社など）と仕事をすることになりますが、サラリーマン投資家の場合、すべての会社と商談を行うことは時間的に難しいでしょう。

そのため担当者の方に、自分の性格、価値観、考えを伝え（理解

していただき)、自分の代理として商談を進めていただき、最終判断のみを自分が行うことが必要となります。

以上を考えると、まずは不動産会社と直接会ってよく話し合いをすること。さらにこの担当者ならすべてを託しても大丈夫と思える人を探すことが不動産投資で成功するポイントだと感じています。

その際、レスポンスが遅い不動産会社(担当者)、不都合なことは言わない不動産会社(担当者)は避けたほうがよいと思います。

経験上、特にこれだけは

不動産投資を始めて約2年になりますが、経験上、特に重要だと思うことを、3点お伝え致します。

1．レスポンス良く対応すること

社会的な属性(年収、仕事内容等)が低い私が不動産を購入するためには、不動産会社から情報をもらったらすぐに物件を見に行き、買い付け申し込み書を出すことが必要です。

また不動産会社から書類を出してほしいなどの依頼があったらレスポンス良く対応することで、不動産会社からの信頼を獲得し、属性の高い方(弁護士や医者、外資系企業に勤務する高年収の方々)に勝つことができると感じています。

2．不動産会社とは信頼関係を築くこと

先ほどもお伝えした通り、ほかの方々より優先的においしい物件情報をもらえるような信頼関係を構築することが重要です。

3．家族の理解を得ておくこと

銀行から融資を引く場合、大抵保証人を求められます。多くの方

は奥様に保証人になってもらいます。契約がすべてうまくいっていたのに、保証人である奥様の同意が得られず、取引が流れてしまうことがないように、日頃からコミュニケーションを取り、不動産購入に関して丁寧に説明することが重要です。

　不動産を購入するためには、とにかく第1歩を動き出すことが重要です。最初は不安がありますが、勇気を持って前に進むことが、成功への近道だと思います。
　ご自身の趣味を満喫するため、お子さんの将来のため、年金対策のためなど、不動産投資を行う理由はさまざまだと思いますが、皆様の人生がより素敵なものになればよいなと思っております。
　私もこれから「経営者」として勉強していきます。

Case 4 投資家が語る不動産投資

私が不動産投資の極意を
会得するまで

有吉正澄さん(58歳)

購入できるのはお金持ちだけではない

　私は初め、ワンルーム3戸所有しておりましたが、現在は1棟投資へと変更し、ワンルーム1戸、1棟物件を所有しております。

　私が不動産運用を始めたのは、ありきたりですが「将来のために資産を作りたい」と考えたからです。

　公務員として勤務しながら、20代後半にバブル景気を経験し、私の周囲にも株や不動産の転売で大きな収益を手にした人がたくさんいました。

　ミーハーな私は、書店で株式投資関係の本を買って読んだくらいで、株を買ってみたりしましたが、北海道拓殖銀行と山一證券の倒産という大事件があって、いきなり全面撤退という経験をしました。

　バブル景気の衰退期に見た、株や不動産で成り上がった人たちの急降下ぶりは、投資に対する警戒心を私に記憶させました。

　それでも給料のほかに収入源を持つという夢（妄想？）は捨てきれず、「公務員だから副業はダメだし、株式投資よりも不動産運用のほうが固いかな」という漠然としたイメージは持っていましたが、運用物件を手に入れるには資金が必要で、結局、お金持ちにしかできないことだと思っていました。

　40代になったときに、ワンルームマンションの営業さんとお話しをする機会があって、このときに初めての投資マンションを購入しました。

このときに得た知識は、「どんな大金持ちも、現金購入はしていない」ということ。

逆に、お金持ちほど、銀行ローンをレバレッジとして利用しているということを知りました。

私が長年抱いていた「物件を購入できるのは、お金持ちだけ」という先入観を改めた瞬間でした。

この後、合計3つの運用物件（ワンルーム）を保有するに至るわけですが、収支はマイナス。本業とは別に将来のために資金を、と考えて始めたにも関わらず、収益が出るどころか年間約55万円のマイナスが出ていました。

何とかしないといけないと毎日考えていたとき、ちょっと事件が起きました。

2つの物件が同時に空室になり、家賃が入らない状態が数カ月間、続いたのです。

1つは管理会社が突然の民事再生（倒産）、もう1つは普通に退去だったのですが、法人さんの契約解除で、しかも予告なし（もちろん違約金はいただきました）だったので、私は寝耳に水状態で軽いパニックになりました。

2つとも至急で募集をかけましたが、3カ月は空室が続きました。

このことがあって、不動産運営は、管理を任せる会社選びも、物件同様に妥協は禁物と痛感しました。

情弱を気づかせてくれたコラム記事

収支を上げるにはどうすればよいのかという思考は、常にしていましたが、「ローンを少しずつ繰り上げ返済して収益率を上げる」という発想しか持てていなくて、ほかの不動産で収益を出している人たちはどんな方法を使っているんだろう、と考えていました。

50歳に突入し、このままでは不動産を持っている意味がないの

ではないかという思いも持っていましたが、どうすればよいのか良策を見つけられないでいました。

そんなとき、経済雑誌を読んでいると、不動産運用について書かれているコラム記事を見つけました。

その記事の内容は私にとって衝撃的なものでした。

記事の要旨は以下のようなものだったのです。

- 巷では、不動産投資がプチブームのようになっているが、圧倒的にワンルームのオーナーが多い。
  これは、営業トークに乗せられた、初心者オーナーが多いことを示している。
- 新築ワンルームを2000万円で購入し、月8万円の家賃で2万円の収益。これに対して、中古土地付き集合住宅1棟（10室）を8000万円で購入して1室5万円の家賃で1万5000円の収益を満室運用で月15万円の収益。
  投資：収益の対比で考えたら集合住宅のほうが割が良い。
- ワンルームは退去されたら空室率100％。1棟10室の集合住宅なら3室退去されても空室率は30％です。
- 新築ワンルームの5軒（5室）分の金額で10〜20室の土地付き集合住宅1棟が購入可能。
- 東京にこだわる必要はなく、地方でも立地条件の良い場所にある物件であれば、土地価格の面から、東京などの大都市圏よりも格安で高収益物件を購入できる可能性がある。

このとき、運用不動産を保有してから10年弱が経過していた私は、ビジネスにおいて言われている情報弱者（以下、「情弱」という）のまま、漫然と年月を過ごしてしまったことに気がつきました。

投資の極意はここにあった！

　初めは誰もが初心者ですが、いつまでも初心者ではダメ。不動産を運用するということは、自分が事業主になったんだと自覚しないといけません。勉強をして知識を高めないと情弱のまま、ダメな不動産会社のおいしい客のままです。

　島田紳助（以下、島田氏という）という人を知らない人はいないと思います。

　彼は、漫才をやっていたころに不動産投資を始めて、それから事業家としての成功を積み上げていった人ですが、彼が不動産投資についてTVの中で「マンション投資は結局は転売していくら儲かるかということ。だから、購入するときに絶対に妥協してはいけないんです」と言っていた（力説していた）ことがあります。

　私は、この言葉の意味を長い間、理解できないでいました。

　彼が転売ビジネスのことを語っていて、賃貸運用のことを含めて語っているとは、このとき思っていなかったのです。

　上記のコラム記事を読んだとき、島田氏のTVでの発言の意味が理解できた瞬間でした。

　私なりの島田氏の言葉の理解は以下の通りです。

- ローン返済を含めてもプラスが残る物件を保有することができたとしても、そこがゴールではなくて賃貸で運用するのは、売り時を見極めるまでの間のこと。売却して初めて利益が確定する。
- だから、「少しマイナス収支だけど節税があるからいいか」などと妥協してはいけない。
最初から、放置してでも収益が上がる物件でなければ購入してはいけない。
- 売却にかけたときに、誰もがほしがるような物件でなければ、売買益は期待できない。

- だから、「立地条件いまいちだけど、収益が出ているなら、まあ、いいか」などと妥協してはいけない。
- 不動産の本当の価値は土地（立地）にある、建屋(たてや)は減価償却していくだけ。
- だから、見た目の金額「2億の土地付きマンション1棟」よりも「2000万のワンルーム」みたいな額面比較で決めてはいけない。

書店で購入できる「サラリーマン大家さんのススメ」のような本には書かれていないことです。

1棟マンションのオーナーに

と、ここで頭を抱えてあきらめていたら私は1棟マンションのオーナーにはなっていません。

数ある成功者や一流スポーツ選手の言葉によく出てくるフレーズは「あきらめたときが負けたとき」。

何とかして収益を生まなければならないと、悩んでいたときに、1棟不動産投資を本気で考える機会が訪れました。

西新宿にあったワンルームの物件指定で、購入希望者からの依頼で売主を探しているということを、不動産会社の方よりお電話をいただいたのがきっかけです。

そのときは、「指値をしてくれれば、それで相手と調整します。不調であれば無理にお売りいただかなくでも結構です」という切込みで、断れるならいいかと指値を提示しました。

結果、その物件は不調に終わり、売買不成立でしたが、その不動産会社の方へ「私が土地付き1棟の収益集合住宅を持ちたい希望があること」、「公務員ではあるけど、ローン頭金にする額の蓄えも持たず、年齢も50歳を超えていたので保有は無理かなと思っている」などをお話しし、そこから1棟不動産投資を行ううえで必要なさま

ざまな知識を得ることができました。

そして、不動産会社の方と話していくうちに「可能性はゼロではない」と分かったので、良い物件があれば積極的に考えていこうと思ったのです。

その後、数カ月が過ぎ、私に1棟不動産について教えてくれた先述の不動産会社の方より、福岡県博多駅から徒歩15分の築20年超えの、築年数を考慮してもすごく良好な物件の情報をいただきました。

しかし、3つのワンルームの借入総額が多く、最低1件は売却して借入を圧縮する必要があるとのことでした。

普通ならば購買確率を高めるための「煽(あお)り」なのかと疑うところですが、これまでのその不動産会社の方の対応や、お話しの中で、「この人は信頼できる」とある程度思っていたので、西新宿の人気物件を売却することを条件とし、ローン審査をお願いしました。

結果、ローン審査も無事にクリアし、晴れて1棟マンションのオーナーになることができたのです。

留意すべきポイントは

このほかにも、本物件を進めていく中で、現地管理会社との交渉などもやっていただき、管理経費を1円でも安くする交渉を脇で見て、今後の運営も経営感覚が大切だと思い知りました。

ワンルームでももちろん管理会社は大事ですが、1棟の場合、1棟まるごとの管理業務を見ることになります。1部屋と物件全部屋＋物件状況の確認は、不動産業界の方でなくとも仕事量の多さがまったく異なることが分かりますよね。

全入居者への対応、家賃送金、入居者募集、物件の清掃など、管理会社でその物件の運営が決まると言っても過言ではないぐらい重要なのです。

そのほかにも、物件の修繕をお願いする修繕会社や、電気・ガス・水道といったインフラ関係の業者までさまざまな業者の力を借りて運営していくことになります。

各担当者との日々のコミュニケーションはとても重要です。

もちろん、ワンルームと比べ、きちんと経費や賃貸需要・家賃相場等自分自身で調べ納得したうえで購入すれば、1棟不動産投資は収益を生みます。

事実、私は年間約55万円マイナスだった収支を、年間約260万円プラスまでもってくることができました。

その分、すべて管理業者任せではなく、自分自身で空室を把握しておくこと、入金金額の確認等自分自身で確認することも増えます。簡単にお金を得られるということはまずないんですね。必ずその分何か努力をしなければ、その結果は付いてきませんね。

最後に、不動産運営をやるうえでの留意するべきポイントを述べます。

- 物件を選ぶ前に、組むべき不動産会社を厳選する。少しでも疑問が残る相手とは組まない。
- 最初に自分がほしい物件の具体的なイメージを持って、できるだけ具体的に不動産会社に伝える。
- 決定する際に妥協しない。特に、立地条件と収益率。
- 最初からプラス収支が出る物件を選ぶ。マイナスをプラスに転じることはとても大変。
- 管理会社を厳選する。ダメだと思えば、リサーチして納得できる管理会社と契約する。
- 不動産は手に入れたらゴールではない。運用中の管理と有利な条件での売却までがワンセット。
- 管理会社が全部やってくれると思わない。管理には経費がかかる

のでGOかNO GOかを決めるのはオーナーの仕事。
- 公務員（ある程度の企業のサラリーマンも）という立場は銀行のローン審査における信用がとても厚い（自営業者などは審査が厳しい）ので、公務員やサラリーマンの方たちがこれを利用しないのはもったいない（というか、重大な機会損失）。

挙げようと思えばいろんなことが浮かびますが、上記の8項目はどれも、私が経験上、実感したことです。

Case 5　投資家が語る不動産投資

地方と都心物件の
ポートフォリオ活用

日太公望さん(37歳)

資産価値と利回りで購入

　私は現在、アパート・マンションを中心に11棟500室（資産額25億円ほど）を保有する兼業オーナーで、本業では経営コンサルティング業務を行っています。

　現在の物件の所在地のバランスで言うと、都心3棟で250室、地方8棟で250室の割合となっています。

　都心物件は、表面利回りは下がりますが、資産価値が高く、長期トレンドを見ると安定しているので、1棟で50～140室規模の大型RC物件を資産価値の高さベースで購入しています。

　多少利回りが下がっても規模が大きいためリターンの金額も大きいのが特徴です。

　ただし、都心物件だけですと、利回りにおもしろみが出てこないので、地方物件については1棟10～20部屋前後の物件で、木造～RC造まで、利回りの高い物件を8棟所有しています。

　地方物件は利回りが高い一方で、中長期的な意味では家賃下落や空室リスクが都心に比べ高いので、1カ所で大型の物件を購入することは避けて、1棟10～20部屋前後の、都内で所有している1棟マンションと比べると比較的規模が小さい物件を購入するようにしています。

　北は北海道札幌市から、西は和歌山県和歌山市までさまざまな地域で8棟所有し、リスク分散を図りながらも高いリターンを獲得す

るようにしてバランスを取っています。

リスクとリターンのバランス

　現在は、上記のようなポートフォリオで資産形成を行っています。
　もちろん、1件1件の取引が大事なのですが、それだけで推し進めるとリスクが分散できなかったり、いくら買ってもリターンが得られなかったりすることになります。ですから当然、不動産投資以外での資産でのポートフォリオ構築も必要です。
　ただし、それはそれぞれの1件1件の投資の見極めをうまくしていかないと次につながらないので、個別の案件もまた大事となります。そのときに、FXや商品先物取引、株式取引などの多種多様な投資案件のすべてに精通していくというのは、なかなか難しさもつきまといます。
　それぞれの投資の業界で、それだけで生計を立てている人がいるわけですから、投資の手段の手を広げることもまた、投資失敗のリスクにつながります。
　そういった意味で、1棟ものの不動産投資という枠組みの中では、同じ投資目線や情報をもとに、地方と都心の資産ポートフォリオを構築していくアプローチも、リスクとリターンのバランスがうまく取れる1つの方法論かと思います。
　この観点で言うと、全国規模で物件提案をしてくれる不動産会社さんと付き合いができるといろいろとスムーズになります。
　私の所有物件や投資目線を理解していただいているので、都心の物件から、地方の利回り高め物件まで幅広くご紹介いただくことができ、手間が省けます。
　市況は厳しくなりますが、不動産業界は波や個別事情でいろいろと良い物件が出てきますので、今後とも良い物件を見つけて、不動産投資を中心に資産規模を拡大していきたいと思います。

おわりに

豊かな老後のために、自分の年金は自分で作る

　高齢化社会が急ピッチで進んでいる日本では、やがて右を向いても左を見ても高齢者ばかりの世の中となります。2014年の統計で見ると、高齢化率の最も高いのは秋田県で32.6％。ほぼ、3人に1人が65歳以上となっています。
　最も高齢化率の低い沖縄県でさえ、19％。ほぼ5人に1人が高齢者です。
　平均寿命もどんどん延びています。
　2014年で、男性80.50歳、女性86.83歳ですが、2060年になると、男性84.19歳、女性90.93歳と見込まれています。普通に人生90年時代がやってくると言ってよいでしょう。
　しかし、そうした高齢化社会の半面には、働き手の激減という事実があります。本文でも触れましたが、高齢者を扶養する人間がどんどん減っているために、さほど遠くない将来、2人の働き手で1人の高齢者を養わなくてはならない時代がやってくるのです。

　一方、危険区域にある国家財政を支えているのは、国債の発行です。2015年末の国債発行残高は807兆円、地方と合わせた長期債務残高は1035兆円にのぼります。これは借金そのものです。
　国の借金はすでに、GDPの2倍以上に膨らんでいるのです。
　もはや、国に将来の生活を託して大丈夫な時代はとうに過ぎ去りました。
　自分の生活は自分で見ていかなくてはならない時代、特に老後の生活は本気で「自分年金」を作ることで、考えなくてはならない時代がやってきたのです。

ここで言う自分年金は、何よりも安全、確実に、お金を生む仕組みの中で設計しなくてはならないことは言うまでもありません。
　お金はできれば毎月、しかも継続的に、長期間、入ってくることが必要です。

　その自分年金を何によって設計するのか。
　お金を生み出す投資について、いろいろと検証してみた結果として「不動産投資」に行きついたのは、本文で見た通りです。
　不動産投資は、息の長い投資です。なぜなら、20年、30年のローンを返済しながら、収益を継続的に得ていく投資活動だからです。
　ローンはやがて完済するときがやってきます。そうなれば、家賃収入は、諸経費を除いたすべてが十分の手に入ります。
　まさに、豊かな個人年金そのものとなるはずです。
　また、現役の時代にも、月々の家賃収入は、毎日の生活を十分に潤す糧となるでしょう。
　ローンを返済している途中であっても、タイミングを見て売却し、別のさらに資産価値の高い不動産に投資していくこともできます。

　不動産投資の道は、決して難しい道ではありません。
　購入も、管理も、売却も、すべてのフィールドでプロがいますので、プロに相談しながら進んでいくことができます。
　ぜひ、不動産投資の世界に参加して、揺るぎのない「継続的収入」と、不動産という「実物資産」の確かさを経験してくださるよう、願っております。

〈著者紹介〉
プレミアムバリューバンク

2011年の設立以来、不動産投資のプラットフォーム開発・運用から、不動産再生事業、不動産インバウンド事業、不動産投資経営マッチング事業、IoT不動産開発まで幅広く行っている不動産会社。
物件ありきで顧客を探すのではなく、ネット上で多岐に渡る顧客のニーズをデータ化し、独自のネットワークで入手した物件情報の中に適合する物件があれば、その都度ご紹介するという「セレクトショップ型」の営業スタイルを貫く。
この営業スタイルが多くの投資家に賛同され、設立5年余りの2015年12月末で取扱棟数は519棟。現在、より投資家が効率良く賃貸経営を行えるよう、不動産投資のプラットフォーム「資産爆増」の開発を進める。
また、顧客向けに設立したオーナーズクラブ「Elegant Life Club」にて不動産運用はもちろん、投資家自身のライフスタイルの充実を目的とした新サービスの提供も開始する。
URL：http://p-v-b.com

究極の不動産投資 成功の教科書

2016年8月5日 初版第1刷発行

著　者　プレミアムバリューバンク
発行人　佐藤有美
編集人　安達智晃

ISBN978-4-7667-8603-3

発行所　株式会社 経済界
〒107-0052 東京都港区赤坂1-9-13 三会堂ビル
出版局　出版編集部 ☎ 03 (6441) 3743
　　　　出版営業部 ☎ 03 (6441) 3744
　　　　振替 00130-8-160266
http://www.keizaikai.co.jp

印刷／㈱光邦

©PREMIUM VALUE BANK 2016　Printed in Japan